CHONGDU
YANGMING XINXUE

黄明同 黄时华 著

重读阳明心学

上海辞书出版社

目　录

引 言

王阳明(1472—1529),名守仁,字伯安,浙江余姚人,明代著名的思想家、政治家、教育家和军事家。

阳明祖籍太原,家族几度南迁至浙江余杭。王氏为仕宦之家,据史料记载,王氏先祖是晋代光禄大夫的后裔,世代为官;六世祖王刚,文武双全,任兵部郎中、广东参议,曾在潮州平乱,后在增城被害,朝廷命当地为他建"忠孝祠"以旌表。父亲王华状元及第,官至南京礼部尚书。

阳明自幼受到良好教育,少年即显露才华。12岁在京读书,问"何为第一等事",当先生说"惟读书登第"时,敢提出"读书学圣贤"。18岁拜望著名学者娄一斋[①],慨叹"圣人必可学而至",自幼立志做圣贤。中举后,即遍读朱子书,践履朱熹的"格物致知"。举进士后,任职于工部。34岁时,结识翰林庶吉士湛甘泉[②],二人"一见定交",决心"共兴圣学"。次年,因上奏疏议论政事,而卷入政治风波,"廷杖四十"后被贬官。37岁,至贵州龙场驿。在人生困境里,"日夜端居澄默,以求静一"[③],后体悟

① 娄一斋(1422—1491),明理学家,名谅,字克贞,别号一斋。

② 湛甘泉(1466—1560),明理学家,名若水,字元明,号甘泉。

③ 《王阳明全集》卷三十三,《年谱一》,上海:上海古籍出版社,1992年,第1228页。

到“圣人之道，吾性自足”，于是摒弃向外求理的认知与涵养方法，而创立“求诸心”的“格物”说，提出“心即理”“知行合一”说，后又提出“致良知”说，构建了心学理论体系。

阳明心学，主要由“三乐章”组合而成：第一乐章，“心即理”——本体论，明确以心为宇宙本体，把道德良知提升到本体的层面；第二乐章，“知行合一”——认知论，把道德良知作为认知对象，并认定道德意识须落到行为，道德意识与道德行为合一；第三乐章，“致良知”——道德论，以道德本性为认知的对象，又以道德的觉醒与道德行为落到事事物物为认知的宗旨，在更高层面上张扬道德良知，由此完成以道德为主旋律的心学体系。晚年提出的“仁者以天地万物为一体”论，尤为可贵。

阳明心学，称得上是中国的早期启蒙先声。阳明生活于明代中期，这个时期朝廷进行社会改革，其中的经济措施，促使工商业快速发展，商品经济带来了新的社会意识。倡导自由、平等、开放，推动思想解放，高扬人的主体精神的心学，在这特定的社会环境中应运而生。陈献章，首先拉开帷幕，创立了白沙心学；其衣钵弟子湛若水，对白沙心学进行完善与发展，构建了岭南心学体系；与甘泉同时代的阳明，则集心学之大成。于是明代心学的发展呈现三个环节：白沙心学—甘泉心学—阳明心学；两大流派：陈湛心学与阳明心学。阳明心学，兼收并蓄而集大成，不仅得到陈湛心学的直接启迪，而且对陆九渊心学也有所传承。

阳明心学，影响深远，曾远播日本，为明治维新提供思想资源。梁启超、孙中山等，在旅日期间感受到阳明心学对日明治维新的影响，回国后大力宣扬，使阳明心学影响了几代人。在当今，阳明心学凭借超越时空的价值理念，仍继续风靡海内外。

阳明心学，具有鲜明特点。其一，以作圣为宗旨，立意高远，符合古代中国士人“修身、齐家、治国、平天下”“内圣而外王”的理想追求，使之为历代有志之士所接受。其二，“即知即行”的务实性，一改士人“坐而论道”的旧习，倡导把“良知”致于天地间的万事万物，把道德意念落实到行动中，使儒家学说避免空谈、清谈，而能服务于社会。而其后学的“空谈心性”，显然是违背了师道。其三，语言通俗的简明性，用浅白的话语，表达深邃的心学哲理，使一般人能理解、能接受，使心学不再令人望而生畏。正是这样的特色，使阳明心学具有较强的感召力、穿透力和影响力，迎合了儒士们对理想的追求，从而产生更为广泛的社会效应。

阳明心学，是中华优秀文化的一部分，近些年受到了广泛关注，出现了持续数年的“阳明热”。从学界到民间，人们认识到阳明心学注重人的自主性以及主体精神的高扬，具有理论意义与当代价值。“阳明热”体现了广大民众对传承与弘扬中华优秀传统文化的渴求与热忱，展示了阳明心学超越时空的思想与精神价值。

毋庸讳言，“阳明热”也存在一些负面效应，如把阳明“神秘化”“妖魔化”，又如未能突出阳明心学的主旋律——“道德”，忽略阳明心学的宗旨在于倡导道德觉醒，从而教人做有道德的、真正意义的人。“阳明热”中，产生了一批“戏说”的著作，充塞各地的书店，这些书中存在不少误读，造成误导；一些学术论著，在理论上过于夸大阳明心学高扬人的主体精神的意义，对其理论体系内的矛盾性与偏颇，缺乏合理的、科学的、实事求是的分析。

鉴于此，我们有必要对"阳明热"进行反思，在肯定其正面效应的同时，检讨其负面影响。在理论层面上，便是以辩证唯物论与历史唯物论为指导，在现代科学的视域下，对阳明心学理论进行历史的、全面的审视与剖析：既发掘其理论亮点，弘扬其弥足珍贵的现代价值和当代意义，又正视其理论偏颇，分析其不足。从而使人们认识到，500 年前的阳明心学，既有可超越时空的真理性，又难免存在时代局限与理论偏颇，后人应对阳明心学进行创造性传承、创新性发展，使之实现现代转向，走进当今社会，成为新时代的心学！

第一章　阳明心学的特色与基本内涵

阳明心学，内容博大丰富，且富于特色，在海内外产生过非凡的影响。其所以能风靡海内外而经久不息，影响力远超其他心学流派，原因颇多，关键之处则在于其学说别具特色。

一、别具一格的特色

任何事物都有自身的特色，这是每个事物必具的个性，哲学上称作“矛盾特殊性”，阳明心学也不例外。其学说的特色有三：

其一，以“作圣”为目标的高远性

阳明心学，是一种“作圣之功”，其学说宗旨是通过体认人的本性，即“致良知”，而成就为“圣贤”，这是把涵养的目标设定为“作圣”。就是说，阳明心学是一种认知和涵养方法，教人通过道德本性的觉醒，实现至高的人生目标，故其学说具有高远性。

阳明心学的高远性，是基于儒家的核心理念而发挥的。“作圣”，是传统儒家早已设定的涵养目标。儒者们认定：

犬马之与我不同类。[1]

人之性善，禽兽之性不善；人能知义，禽兽不能知义。[2]

这是说，人是万物之灵，人是动物，又区别于一般动物；人是社会动物，道德是社会规范，也是人的本质属性。基于这一理论起点，原始儒家便提出：

格物而后知至，知至而后意诚，意诚而后心正，心正而后身修，身修而后家齐，家齐而后国治，国治而后天下平。[3]

可见，儒学主张通过心性的涵养，而成就为圣贤，再以圣贤之才去治国、平天下。这便是儒家"内圣而外王"的核心理念。阳明和明代心学家白沙、甘泉一样，把认知与涵养的功夫称作"作圣之功"，把涵养目标锁定为"作圣"。

史料记载，阳明 11 岁在京读书时，同私塾先生有一段精彩的对话：

尝问塾师曰："何为第一等事？"

塾师曰："惟读书登第耳。"

先生疑曰："登第恐未为第一等事，或读书学圣贤耳。"

龙山公闻之，笑曰："汝欲做圣贤耶！"[4]

从这简短的对话可见，小小年纪的阳明，已认识到读书并不是为

---

① 《孟子·告子上》。

② ［清］焦循：《孟子正义》卷十六，北京：中华书局，1987 年，第 568 页。

③ ［宋］朱熹：《四书章句集注》，《大学章句》，北京：中华书局，2011 年，第 5 页。

④ 《王阳明全集》卷三十三，《年谱一》，第 1221 页。

了考科举进而当官，而是为了“学圣贤”。这便是把读书而成就为圣贤，即“作圣”，作为人生的目标、“第一等事”。后来他创立的阳明心学，以“致良知”为功夫，教人通过对自身道德本性的体认成为圣贤。可以说，“作圣”这一高远目标，是阳明心学具有较大影响力的首要原因。

其二，即知即行的务实性

即知即行，即知而必行、讲求践履，是阳明心学的又一特色。这种务实性首先体现在以“知行合一”取代朱熹的“格物致知”，反对士人“终日从事于无用之虚文，莫自知其所谓”。他强调道德观念与道德践履的合一性，故有学者把阳明心学界定为“实践道德说”①。孙中山曾在《建国方略·心理建设》中，充分肯定了阳明心学的务实性。他指出：

> 若夫阳明“知行合一”之说，即所以勉人为善者也……惟以人之上进，必当努力实行，虽难有所不畏，既知之则当行之，故勉人以为其难。遂倡为“知行合一”之说曰：“即知即行，知而不行，是为不知。”其勉人为善之心，诚为良苦。②

孙中山认为，阳明学说并非清谈，而是劝勉人们“即知即行”，“努力实行”。

阳明心学的务实性还体现在阳明努力把他的学理落实到社

---

① 刘宗贤：《陆王心学研究》第九章，《心学之大成——王守仁“致良知”的实践道德论》，济南：山东人民出版社，1997 年，第 287—302 页。

② 《孙中山全集》第六卷，《建国方略·心理建设》，北京：中华书局，1985 年，第 197 页。

会实践层面。他终其一生为安邦定国奋斗不息：在福建、两广、江西等地平乱时，不仅运用其学说“剿山中贼”，还以其心学去“剿心中贼”，其赫赫战功正是其学说务实性的集中体现；他关心所到之处的政事民生、风俗教育，昌明政教，依循其学说去努力解决社会现实问题；为了促进地方发展，他在地方平乱后，即上疏建言设县，先后在福建、江西、广东分别设平和、崇义、和平三县，希冀在政教不及的边远之地开展德治教化。

任何理论学说，其生命力无不在于能接地气，能走出象牙塔而服务于社会。阳明心学所以能风靡几百年，正因其学说的务实性带来了持久的生命力。学界曾有一偏见，认为晚明社会的清谈之风是王学之“流毒”，甚至有人把明代的覆灭归罪于王学。这样的诟病，不仅混淆了阳明心学的学理与后学们的清谈，还扭曲了明亡的原因，让阳明蒙冤。事实上，直至今日阳明心学依旧被许多人认可、喜欢，重要原因尤其在于其“知行合一”论的务实性，教人注重实干而不尚空谈。

其三，语言通俗的简明性

阳明心学特别具有影响力，还由于其深入浅出的表述方式。阳明以简明、通俗、生动的语言，去阐述深邃的心学理论，使其学理易于理解、易于传播。不论是“心即理”，还是“知行合一”，或是“致良知”，都仅以寥寥数字，便把其创新的、深刻的本体论、认知论和道德论简明地表述出来，令人一看就明，一读即入心，因而具有无比的震撼力、穿透力与感化力。这样的表述，较白沙的“静养端倪”、甘泉的“随处体认天理”通俗得多。当年梁启超就曾指出，“白沙心境与自然契合”，“常常脱离世俗”，“是一种鸢飞鱼跃、光风霁月的景象，人格是高尚极了，感化力伟大极了”，但是“白沙叫人用功的方法，就在‘静中养出端倪’一句话。端倪二字太玄妙”，因而人们“不易效法，不易捉摸。所以一时虽很光明，后来终不如阳明学派的发达”①。这真说到点子上了！当然，阳明心学的“发达”与白沙心学的式微，原因是多方面的，语言只是其中之一。但应该说，梁启超道出了阳明心学的重要特色，揭示了语言是思想学说的重要载体，以及传播思想的重要工具。思想学说，只有用简明的语言文字进行表述，才能让读者易懂。阳明心学的简明性，极大地提升了其学说的生命力与影响力。

阳明心学的通俗性，还体现在用简明语言解读学理。如“格物”的定义，阳明便说，“格者，正也。正其不正，以归于正也”②，是多么直白！“格物致知”是传统的认知与涵养方法，通过格物便可以致知，但何谓“格物”？阳明告诉你，“格”就是“正”，就是把不正的，即不善的念头革除，使不正、不善归于正、归于善。他临终的遗言，只有“此心光明，亦复何言”八个字，如此简单明了的表白！

人们一般以为，心学深不可测，难读难懂，平民百姓无法接受。事实上阳明心学的语言简明通俗，无须太多的解读，便能使人理解并领会那些具有一定深度的思想理论，这便是其学说能

---

① 梁启超：《儒家哲学　国学要籍研读法四种》，《儒家哲学》第五讲，长春：吉林人民出版社，2013 年，第 54 页。

② 《王阳明全集》卷一，《语录一・传习录上》，第 25 页。

广传远播的优势所在。这启示后人：学问须有深度，但语言务须浅白。阳明心学的通俗性，很值得后人学习。在当今学界，存在一种错误的导向：有的学者总以为，文章让人读不懂，才叫有水平，故不在通俗上下功夫，写出来的论著，连本专业的研究生也读不懂。如此文风若不纠正，优秀传统文化又如何接地气，如何能真正得到传承？可见阳明心学的通俗性，实在能给今人很好的启示。

二、心学“三乐章”

学界普遍认为，阳明心学由“心即理”论、“知行合一”论和“致良知”论三部分构成。确实，这“三乐章”相互联系、密切关联，组合成阳明心学的美妙交响乐。

第一乐章　“心即理”论，阳明心学的本体论

“心即理”论，是阳明心学的理论基点，是其本体论。阳明提出，“心”是宇宙的本体。何谓“心”？他认为：

> 心即理也。此心无私欲之蔽，即是天理。①

在阳明看来，没有私欲之“心”，便是作为宇宙本体的“理”，宇宙间的一切，无不由“理”而生，也无不由心而生。他又指出，“心者，天地万物之主也”，“心”是天地万物的主宰，心衍生万物、囊括万物，因而说：

---

① 《王阳明全集》卷一，《语录一·传习录上》，第2页。

心即天，言心则天地万物皆举之矣。[①]

阳明心学便是以心为宇宙本体、万物本源。“心”，具有衍生、统摄与主宰的功能。

在阳明看来，宇宙间的一切，不论是外在的事与物，还是内在的意或知，都不外是心，故说：

身之主宰便是心，心之所发便是意，意之本体便是知，意之所在便是物。[②]

阳明认定，宇宙间的一切皆由心所衍发、所囊括，各种事与物只是名称不同而已。“理”“义”“善”等，虽名称相异，但实质无非“吾心”罢了。

由“心即理”的理论基点出发，王阳明推演出：

心外无物，心外无事，心外无理，心外无义，心外无善。[③]

“心外无物”，是阳明对陆九渊心学“心即理”命题的发挥。陆九渊只说“心即理”，阳明进而加上“心外无物”，使其学说更具主体性特色，也就有着更浓重的心学色彩。

由上可见，阳明在“心”与“理”之间画上了等号。他明确说：

心虽主乎一身，而实管乎天下之理，理虽散在万事，而

---

① 《王阳明全集》卷六，《文录三・书三・答季明德》，第 214 页。

② 《王阳明全集》卷一，《语录一・传习录上》，第 6 页。

③ 《王阳明全集》卷四，《文录一・书一・与王纯甫》，第 156 页。

实不外乎一人之心。[①]

在阳明看来，心就是理，理就是心，于是，宇宙的本体便带有主体性与道德伦理性。有学者如此解读：阳明“从主体性上面找到道德的源头，总之从意识与世界的关系看来，如果没有‘意识’的活动，如果不从‘心理’的投射说起，世界上就不会有‘物’和‘事’，或者‘善’和‘美’之说”[②]。可以说，“心即理”“心外无物”论，是阳明心学的理论基点，是其心学性质的集中体现，也是阳明心学的道德本体特色。

第二乐章　“知行合一”论，阳明心学的认知论

心学，是“作圣之功”，是一种认知与涵养方法。阳明年轻时，便十分注重寻找心性涵养的方法。他先是遵循朱熹极力主张的“格物致知”，16 岁在庭院格竹求理，欲“格尽天下万事万物”而求得天理，但失败了。于是他认定：

先儒解格物为格天下之物，天下之物如何格得？且谓一草一木亦皆有理，今如何去格？纵格得草木来，如何反来诚得自家意？[③]

阳明通过自身的体认，认识到由“格物”难以达到“致知”，因为天下万物如此之多，如何能“格尽”？即使是“格尽”了天地万物，外物的“理”，又如何能变为“自家”的“理”呢？当然，阳明也没有完

① 《王阳明全集》卷二，《语录二 · 传习录中》，第 42 页。

② 欧阳谦：《“心即理”的意向性诠释——从现象学看阳明心学》，《孔学堂》（中英双语），2015 年第 4 期，第 98—105 页。

③ 《王阳明全集》卷三，《语录三 · 传习录下》，第 119 页。

全否定“格物”，而是重新诠释了“格物”。他提出“格”便是“正”，所谓“格”即把不正归于正而已。

学界一般认定，阳明的“龙场悟道”，也是“格物致知”。事实上，他那次格物，“始知圣人之道，吾性自足，向之求理于事物这误也”，真正明白了认知与涵养便是求理于心，是道德本性的自觉，而不是向外求理。随后，阳明便提出“知行合一”的认知方法，并开始讲授。

“知行合一”论，是依据“心即理”，“心”与“理”合一理论而完成的认知论，是“心即理”说的展开。在阳明看来，认知与涵养的对象是自己心中的道德本性，并强调人在认知之后必须见诸行动，以解决“知”与“行”的关系。他说：

> 我今说个知行合一，正要人晓得一念发动处，便即是行了。①

阳明强调，在认知的同时就是践行了，道德意识与道德践行实为一体两面，德与行务须统一。

阳明认定，知与行不可分离，他明确说：

> 知之真切笃实处，即是行；行之明觉精察处，即是知。知行工夫本不可离。②
>
> 知是行的主意，行是知的功夫；知是行之始，行是知之成。③

---

① 《王阳明全集》卷三，《语录三・传习录下》，第 96 页。
② 《王阳明全集》卷二，《语录二・传习录中・答顾东桥书》，第 42 页。
③ 《王阳明全集》卷一，《语录一・传习录上》，第 4 页。

阳明强调“知行原是两个字说一个工夫”[①]，知行不可分作二事。

“知行合一”论的理论贡献在于，揭示“知”与“行”具有密切的、同一的关系，创新了儒家传统的知行学说，又彰显了传统知行学说的道德伦理性。“知行合一”说的实践意义，在于针砭世人“已知父当孝，兄当弟”却“仍不能孝弟”，这一把知与行分为“两事”的现状，而教人注重道德践履。他强调人对道德本性的认知，不应只停留在意念层面上，而必须体现在日常践履之中，他指出：

> 未有知而不行者。知而不行，只是未知。[②]

可以说，“知行合一”论是阳明一生能成就事功的理论指南。在朝廷授命他到地方平乱期间，他实地开展“亲民”、“教化”、移风易俗等活动，正是践行其“知行合一”学说。

第三乐章　“致良知”论，阳明心学的道德论

“致良知”论，是阳明较后提出的命题，是其认知论的深化，以及道德论的彰显，是其整个心学的核心。

正德十二年至十六年（1517—1521），阳明的大部分时间在江西赣州、南昌度过。在平定宁王叛乱之后，他深感“良知真足以忘患难、出生死”，认定“致良知”是“真圣门正法眼藏”，于是提出“致良知”论，奏响其心学的第三乐章。

“致良知”论，是把认知看作人对自身道德本性的体认与觉

---

① 《王阳明全集》卷六，《文录三·书三·答友人问》，第 209 页。

② 《王阳明全集》卷一，《语录一·传习录上》，第 4 页。

醒。他提出：

> 吾教人致良知，在格物上用功，却是有根本的学问。[①]

阳明认定，学问的根本，即“只是在良知上用功”[②]，“就自己良知上真切体认”[③]。

何谓“良知”？阳明明确界定：

> 良知者，心之本体。[④]
>
> 吾心之良知，即所谓天理也。[⑤]

就是说，“良知”即“心之本体”，即“天理”。于是阳明进而推理说：

> 致吾心良知之天理于事事物物，则事事物物皆得其理矣。[⑥]

可见，“致良知”便是真真切切地体认天理，守住自己的本体之心，也就正心之不正而归于心之正，并把自己的本心，即良知、即天理，落到天地间的万事万物上。正是在这一意义上，“致良知”与“格物”、与“知行合一”，有着完全等同的含义。

由此可见，阳明认定作为社会教化，首先是教人“致良知”；作为个人，你要完成“作圣之功”，便须“致良知”。他指出：

---

① 《王阳明全集》卷三，《语录三·传习录下》，第 99 页。
② 《王阳明全集》卷二，《语录二·传习录中·答陆原静书》，第 71 页。
③ 《王阳明全集》卷二，《语录二·传习录中·启问道通书》，第 59 页。
④ 《王阳明全集》卷二，《语录二·传习录中·答陆原静书》，第 61 页。
⑤ 《王阳明全集》卷二，《语录二·传习录中·答顾东桥书》，第 45 页。
⑥ 同上。

> 圣人气象自是圣人的，我从何处识认？若不就自己良知上真切体认，如以无星之称而权轻重，未开之镜而照妍媸。①

在阳明看来，“良知良能，愚夫愚妇与圣人同”②，“良知之在人心，无间于圣愚，天下古今之所同也”③。也就是说，人人具有同一的“良知”，人人均可体认自己的“良知”，圣与愚之所以有别，是在于“惟圣人能致其良知，而愚夫愚妇不能致”④。故认定只要能够“致良知”，那么人人皆可为尧舜。可以说，“致良知”是阳明心学的道德论，它凸显了阳明心学的学术宗旨及其理论价值与普世意义。他教人进行心性涵养，以使人人都能完成“作圣”功夫。用现代话语表述便是，通过心性涵养，人人皆可成就为有道德的成功人士。

三乐章之主旋律乃“道德”

由“心即理”“知行合一”与“致良知”三大乐章，组合成阳明心学的交响乐，道德则是其主旋律。他首先确立的“心即理”本体论，把人的本心——“道德”，提升到与天理齐格的本体层面，对人的主体精神予以肯定与高扬；进而，“知行合一”的认知论，以道德为认知对象，强调对道德的认知与进行道德践履，是“一段功夫”，二者密不可分；最后，依据“心即理”与“知行合一”而推演出“致良知”道德论，是把“良知”再置于本体的位置，教人在自

---

① 《王阳明全集》卷二，《语录二・传习录中・启问道通书》，第 59 页。
② 《王阳明全集》卷二，《语录二・传习录中・答顾东桥书》，第 49 页。
③ 《王阳明全集》卷二，《语录二・传习录中・答聂文蔚书》，第 79 页。
④ 《王阳明全集》卷二，《语录二・传习录中・答顾东桥书》，第 49 页。

己的心的本体即良知上，进行“真切体认”，实现人的道德本性的自我觉醒，并把道德品格践履到万事万物上，从而完成“作圣之功”。可以说，阳明心学三乐章处处皆见“道德”二字。“道德”二字，如一根红线，贯穿于三乐章，贯穿其学说的始终。

在近些年的“阳明心学热”中，学者常论及其学说的三个部分，也注意到三者的逻辑推演，却未能很好地关注到贯穿于其中的主旋律——“道德”。应该说，对阳明心学的基点、核心和依归的研究与宣传，务须着眼在“道德”，才不失王阳明创立心学的本意。

第二章 “心即理”：心外无物论

“心即理”论，是阳明心学的理论基点，是对宇宙本体和人的认知的探究。曾几何时，由于“心即理”引申出“心外无物”，使阳明心学被定位为“主观唯心论”。改革开放以来，学界已渐渐摒弃了以“唯物”与“唯心”去界定哲学体系属性的研究方法，对唯心论的合理因素也敢于肯定，而并非“一棍子打死”。就阳明的“心外无物”论而言，在认识论上有一定的合理性，但从本体论上来说，则存在偏颇，应以现代科学与现代哲学的目光进行审视，作具体的剖析，予以合理的评价。

一、“心即理”，心生万物论

阳明心学，以“心”为宇宙本体。心，是天理；心，衍生出天地万物，也主宰和操控天地万物。

> 心即理也。此心无私欲之弊，即是天理。①
>
> 身之主宰便是心，心之所发便是意，意之本体便是知，意之所在便是物。②

---

① 《王阳明全集》卷一，《语录一·传习录上》，第2页。
② 同上，第6页。

凡意之所用无有无物者，有是意即有是物矣，无是意即无是物矣。物非意之用乎？[①]

心即天，言心则天地万物皆举之矣，而又亲切简易。[②]

以上是阳明对“心即理”论的明确表述，大致含有三层意思：“心”等同于“理”，心便是宇宙的本源，“心”具有衍生和主宰功能。可见，阳明心学并非所谓“引物入心”，而是心生万物。

“心”等同于“理”，等同于“物”

阳明认定，无欲之“心”，“即是天理”，因而，宇宙间的一切由“理”而生，也就由“心”而生，理是宇宙的本源，心同样是宇宙本源。他具体叙述“心”如何生出“物”来：由“心”而发出“意”，“意”的本体是“知”，“意”的所在即是“物”。这是说：

心→意＝知＝物

简而言之即是：

心＝物

显然，在阳明心学里，人的主观的“意”与客观的“物”，并没有差异，合而为一。于是，他认定人内在的意识与外在的事物，二者毫无差异，完全等同。这便是阳明“心即理”“心外无物”理论的聚焦点。

“良知”即“心”，有衍生与主宰功能

阳明认为，天地宇宙间的一切，由“心”而生。那么，天如何

① 《王阳明全集》卷二，《语录二·传习录中·答顾东桥书》，第47页。

② 《王阳明全集》卷六，《文录三·书三·答季明德》，第214页。

生物呢？他在给弟子讲学时说得明白：

人者，天地万物之心也；心者，天地万物之主也。[1]

阳明认为，作为天地万物之“主”的“心”，也便是“良知”，于是心的主宰，也是良知的主宰，故说：

充天塞地中间，只有这个灵明，人只为形体自间隔了。我的灵明，便是天地鬼神的主宰。[2]

进而，阳明认定：

良知是造化的精灵。这些精灵，生天生地，成鬼成帝，皆从此出，真是与物无对。[3]

为反证“精灵”与万物的关系，阳明甚至说：

今看死的人，他这些精灵游散了，他的天地万物尚存何处？[4]

心之外一切均不存在

阳明由“心即理”，推演出心是天地万物的本源和主宰，认定心、良知或称精灵，衍生出天地万物；进而，又推演出离开心，宇宙间便无物存在，即“心外无物”的结论。阳明直白地说：

天地万物，俱在我良知的发用流行中，何尝又有一物超

---

① 《王阳明全集》卷六，《文录三·书三·答季明德》，第 214 页。
② 《王阳明全集》卷三，《语录三·传习录下》，第 124 页。
③ 同上，第 104 页。
④ 同上，第 124 页。

于良知之外，能作得障碍？[1]

在阳明看来，在良知之外不存在任何的事与物，也就是说没有心外之物的存在。既无物，也无其他的一切。他明确说：

心外无物，心外无事，心外无理，心外无义，心外无善。[2]

阳明心学的一大特色是，无视事物的特殊性，具体表现便是在种种的范畴、概念之间画上等号，抹去彼此的差异性，在他提出“五无”之前先说明：

夫在物为理，处物为义，在性为善，因所指而异其名，实皆吾之心也。[3]

在这里，阳明的逻辑是：因心是万事万物本源，故心之外的一切，无非都是心，各种事与物只是名称不同而已，于是心 = 物 = 事 = 理 = 义 = 善。显然，阳明是以事物的同一性取代了事物的差异性，这一理论无疑有违一般常理。

现代哲学已揭示：世界上诸种事物所以千差万别，其内在的原因，或称作“根据”，是事物都存在区别于他事物的特殊的本质，也就是存在着事物的特殊性。[4] 大千世界，绝对的等同并不存在。阳明否定事物的特殊性，也就否定了世界是千姿百态的

---

① 《王阳明全集》卷三，《语录三·传习录下》，第 106 页。
② 《王阳明全集》卷四，《文录一·书一·与王纯甫》，第 156 页。
③ 同上。
④ 毛泽东：《毛泽东选集》（袖珍合订本），《矛盾论》，北京：人民出版社，1969 年，第 283—284 页。

存在。事实上，其“心即理”论，衍生出的“心外无物”论，本身便是一个否定世界客观存在的命题，同时也颠倒了物质与精神的关系，否定了先有物质，而后才有精神意识。有学者指出：阳明的“人心即天地万物，天地万物亦即人心”，“‘心无内外’，‘性无内外’，其实是包万事万理于一心之内，其实是有内而无外”，这便是“强调主观意识的决定作用”，实质是“看到了主观意识的能动作用，却抹杀了物质的客观性”，“从根本上否定了客观事物是离开意识而独立存在的”。①

在学界，往往依据某一哲学流派对宇宙本源，以及物质与意识关系的阐述，来为其作属性的定位。多少年来，学界正是依此把阳明心学定位为唯心论。这一定位，在近年的“阳明热”中受到质疑。人们对以往学界结论的反思与质疑是可以理解的，学者们已意识到，唯心论与唯物论之分是西方近代哲学的定位，而中国哲学具有自身的特殊性。一个中国哲学体系，往往既有唯物论成分，也有唯心论成分，故不可以简单地用唯物与唯心来区分；更不能简单地判定唯物论为正确，唯心论为错误。任何一个学术流派，都是时代的产物，自有其存在的合理性及其学说的真理性，也不可避免地会存在时代局限性。因而不可采用“非此即彼”的思维方法去简单地加以肯定或否定，对待500年前的阳明心学也应如此。

---

① 蒙培元：《理学的演变——从朱熹到王夫之戴震》第六章，北京：方志出版社，2017年，第222—225页。

二、“心即理”论与西方哲学

学界早年之所以把阳明心学定性为“唯心论”，主要是依据阳明的“心即理”，认定人的思想意识衍生出天地万物，这同18世纪英国贝克莱的“存在即是被感知”“物质是观念的集合”如出一辙。这一定位，一度成为学界的主流观点，也使阳明心学一直被当作唯心论而备受批判，直至近年在传播、传承中华优秀传统文化的潮流中又重新得到社会的关注与重视，“阳明热”出现。学界和一批民间学者及部分企业家，在重新解读阳明心学时，抛弃了“阳明心学就是主观唯心论”的论断。

在“阳明热”中，不少人为摘阳明心学“唯心论”之帽，否定“心外无物”是一个本体论命题，认为它是“一个关于个体生存环境的实践命题”，“是一种生命实践所导向的境界”。① 甚至有学者说：“我们过去把王阳明的‘心外无物’理解为主观唯心论，那实在是一个大误会。”②事实上，当年学界普遍认定阳明的“心外无物”同西方近代哲学中的“主观唯心主义”哲学相一致。可以说，把阳明心学定位为“主观唯心主义”，恰恰是依据了哲学通识。

“阳明热”渐已消退，静而思之，阳明心学同西方哲学有极其

① 董平：《道在何处？理解阳明心学有几个可能误区》，见“大道知行”，https://www.sohu.com/a/125619891_528910，2021年2月7日。

② 同上。

相似之处，似可作一比较，也即在现代的哲学思维的视域下，重新审视阳明心学。

勒奈·笛卡尔（1596—1650），西方现代哲学的奠基人，他第一个建立了完整的西方哲学体系，在其哲学代表作《谈谈方法》第四部分，有如下名言：

我思，所以我是。

笛卡尔的这句名言，又译作“我思故我在”。这便是其认识论的理论起点，由此出发，他在反诘对于“存在必先于意识”的质疑时说，“没有肉体便不能有思想”是“本末倒置”“荒唐可笑”的。

因“我思故我在”，笛卡尔的哲学被定位为“主观唯心主义”。在中国，与笛卡尔生活年代差不多的王阳明，其学说以“心即理”“心外无物”为理论起点，故也被学界认定为同“我思故我在”一样的“主观唯心主义”。

在笛卡尔之后，西方还有一位思想家的学说同阳明心学更为接近，那便是英国的乔治·贝克莱（1685—1753）。贝克莱一生主要进行宗教活动，曾担任神学教授和主教等职，主要哲学著作是《人类知识原理》。从该著作的如下观点看，贝克莱哲学的属性，同阳明心学堪相一致：

其一，同样认定，宇宙间不存在独立于人的思想意识之外的事物。

如前所说，阳明认为“心即理”“心外无物”，而贝克莱也明确地说：

> 除了精神或能感知的东西以外，再没有任何别的实体。①

贝克莱具体地说：

> 就是说天上的星辰，地上的山川景物，宇宙中所含的一切物体，在人的心灵以外都无独立的存在；它们的存在就在于其为人的心灵所感知、所认识，因此它们如果不真为我所感知，不真存在于我的心中或其他被造精神的心中，则它们便完全不能存在，否则就是存在于一种永恒精神的心中。②
>
> 任何物体，只要不被感知，就是不存在的。③

贝克莱同样举出具体的例子说明，离开了人的感知，便不存在任何的事物。他如是说：

> 我写字用的这张桌子所以存在，只是因为我看见它，摸着它……我所以说曾有香味，只是说我曾嗅过它，我所以说曾有声音，只是说我曾听过它，我所以说，曾有颜色，有形象，只是说我曾看见它或触着它。④

这段话，同阳明所说的话，何等相似！试看阳明如下所说：

---

① ［英］乔治·贝克莱：《人类知识原理》，关文运译，北京：商务印书馆，1973年，第22页。

② 同上。

③ 同上，第41页。

④ 同上，第21页。

> 天没有我的灵明，谁去仰他高？地没有我的灵明，谁去俯他深？鬼神没有我的灵明，谁去辩他吉凶灾祥？[①]

阳明与贝克莱同样认为，离开了人的主观意识，天地万物乃至宇宙间的一切，都不存在。应该说，以主观意识为主宰，而消除客观事物的存在，这一基本观点，阳明与贝克莱完全一致。

其二，同样认定，万物由“心灵”而生。

同阳明一样，贝克莱也认为心灵具有造物的功能，是心灵衍生出天地万物。他的“心灵”，也就是阳明的“良知”“灵明”。在《人类知识原理》中，贝克莱明确提出：

> 心灵——精神——灵魂：除了那些无数的观念（或知识的对象）以外，还有别的一种东西在认识或感知它们，并且在它们方面施展各种能力，如意志、想象、记忆等。这个能感知的能动的主体，我们叫它作心灵，精神或灵魂，或自我。[②]

贝克莱不仅明确界定了“心灵”，并具体解释心灵的功能，他说：

> 心灵可以单独地考察各种性质，可以把一种性质同其常相联合在一块的别的性质分开，因此，它就可以借此构成抽象观念。[③]
>
> 心灵不但构成抽象的性质观念和样式观念，而且它可

---

① 《王阳明全集》卷三，《语录三 · 传习录下》，第124页。
② ［英］乔治 · 贝克莱：《人类知识原理》，第20页。
③ 同上，第5页。

以借同样的分离作用，得到较复杂的事物的抽象观念，那些观念中是含有几种共存的性质的。①

这是说，外界的一切观念，统统是心灵的创造物。在贝克莱的哲学里，外界只有抽象的和非抽象的观念，而种种观念无非都是心灵的创造物而已。这种心生宇宙一切的理论，同阳明的灵明衍生论，完完全全相吻合。贝克莱与阳明几乎生活在同一历史时期，尽管东西方的社会环境、文化取向等都不尽相同，但是，他们都同样处在一个商品经济发展，民众渴求人性解放、主体精神高扬的时代。社会存在决定社会意识，正是这样相似的、特定的社会历史环境，使他们孕育出极其相似的哲学思维。

其三，同样以否定主体与客体的差异性为理论前提。

同阳明一样，贝克莱的哲学是把主观的心灵与外界被感知的事物绝对地等同，以此作为其理论起点。如前所说，阳明认为理、心、事、物等，只是名称不同而已，人作为主体，同人之外客观世界的万事万物，是没有差异的绝对等同。贝克莱也明确提出：

事实上，对象和感觉原是一种东西，因此是不能互相抽象而彼此分离的。②

显然，贝克莱同样把人的感觉与外在的对象，称作是“一种东西”，视彼此为不可分、完全等同，由是而否定了主观与客观的差

① ［英］乔治·贝克莱：《人类知识原理》，第6页。
② 同上，第22页。

异性，进而论证主观意识产生出客观外界，或说外界的一切，“完全是心灵的产物”①。这些“产物”，既是“抽象的观念”，也包括实体性的自然界。

当今有学者用现象学来解读阳明心学，这也有一定的合理性。事实上，现象学的创始人德国胡塞尔(1859—1938)，恰恰发展了笛卡尔的“我思故我在”，更加强调主观意识的作用。他撰写了《笛卡尔沉思》，并努力消除笛卡尔的自然观，晚年提出先验自我是意识的构成和意向结构的最深核心，同时也是心理活动和知识活动的总根源。

把阳明心学与西方哲学稍作比较，即能窥见当年学界对阳明心学的定性，确实是有一定的学理依据的。当然，应该特别值得注意的是，中国哲学与西方哲学，有相一致的思维方法，但又不是完全相同的哲学思维。近代西方，明显地出现唯物论与唯心论的分歧与对立，而中国哲学一直没有出现这种现象。中国的思想家，在思考宇宙问题时，总是比较注重总体性、辩证性，就具体的哲学体系而言，往往呈现多元性和复杂性，而非单一性。纵观中国哲学史的发展，未发现类似近代西方那样唯物论与唯心论相对立的状况，因而不应用西方的标准，把某一哲学流派简单地归为唯物论或唯心论。

再者，在考察唯物论与唯心论的理论时，也不能简单地以唯物论为正确、以唯心论为错误。这种论断，并不可取。事实上，唯心论也是一个时代的思想硕果，是一个历史阶段的思想印记、

---

① ［英］乔治·贝克莱：《人类知识原理》，第25页。

一代人或几代人的理论创新。具体说到阳明心学，它是中国启蒙的先声，是中国社会发展历程中的思想界碑。它所蕴含的崇尚人性平等、道德自觉，呼唤高扬主体精神，倡导思想解放等思想理念，在当时和当代都是积极向上的精神力量。

可以说，“心外无物”这一命题，就本体论的层面而言，它颠倒了主客体的关系，无疑是阳明心学的理论偏颇；但是它对人的主体精神的高扬，对人的思想意识的能动作用的高度肯定，以及对社会发展历史潮流的顺应，则是十分可贵的。因而，不能因为阳明心学是唯心论而把它抛弃。

三、“心外无物”论与马克思主义哲学

中华人民共和国成立以来，中国哲学史教科书以及相关的专著，都一致把阳明心学定位为“主观唯心主义”。把阳明心学定位为唯心论，不仅是参照了西方哲学，而且主要是依据了马克思主义辩证唯物论的立场与方法。

侯外庐主编的《中国思想通史》，是中国思想史与中国哲学史研究的权威著作。该书的第四卷下第二十章以“王阳明的唯心主义思想”为题，明确指出：

> 王阳明的世界观的出发点和基本前提，即他所提出的“心外无物”“心外无理”，一切都是从心派生出来的。[①]

① 侯外庐主编：《中国思想通史》第四卷，《王阳明的唯心主义思想》，北京：人民出版社，1960 年，第 884 页。

王阳明否认有独立于人的意识之外的客观存在，而认为一切都存在于“心”中。①

这个论断的理论依据，来自列宁的《唯物主义与经验批判主义》。作者引用了列宁的原话：

如果物体……像贝克莱所说的是“感觉的结合”，那末不可避免地会得出这个结论，整个世界不过是我的表象而已。从这个前提出发，除自己以外，就不能有其他的人存在，这是最纯粹的唯我主义。（《唯物主义与经验批判主义》人民出版社 1956 年版，页二六）②

显然，学界对阳明心学属性的界定，是以马克思主义的辩证唯物论为依据。因而对其“心外无物”论的解读，还须从马克思主义哲学的视角进行审视，方能充分了解其学说的亮点与偏颇。

马克思主义哲学，是建立在现代科学基础之上的科学的世界观与方法论。它从西方引进，本是西方哲学的一个流派，引进中国之后，与中国的社会实际相结合，成为中国革命与建设的思想武器。在马克思主义哲学的视域下，人们可从如下方面窥见“心外无物”论的合理与偏颇。

首先，关于世界统一于物质还是精神

任何一个哲学体系，其本体论都必须回答世界是物质的还是精神的，是物质产生精神还是精神产生物质，其学说的属性由

---

① 侯外庐主编：《中国思想通史》第四卷，《王阳明的唯心主义思想》，第 884 页。

② 同上，第 885 页。

此而决定。

从马克思主义哲学的视角审视，“心外无物”论是阳明心学最大的理论偏颇，因为它颠倒了物质与精神、主体与客体的关系。阳明认定，在心之外不存在任何事物；认为是人的“灵明”，或称“良知”，也即人的意念，衍生出天地万物，离开了人的意念，外物也就不存在。马克思主义哲学则认为，世界是物质的世界，意识只是物质高度发展的产物，是物质产生意识，而不是意识产生物质。列宁明确指出：

> 唯物主义的基本前提是承认外部世界，承认物在我们的意识之外并且不依赖于我们的意识而存在着。①

这是辩证唯物论的理论基点，也是马克思主义哲学本体论最简明的表述。这是说，形形色色的大千世界，物质的种种形态，都是独立于人的意识之外的客观实在，它们不依赖于人的意识而独立存在，更不是由人的主观意识而衍生。

阳明“心外无物”论，由心而生万物，不仅在理论上存在偏颇，学理上缺乏真理性，而且也违背宇宙发展的真实。近代科学已经告诉人们：

> 在有意识的人产生以前，地球早已存在了几十亿年，地球有着自己生成和发展的历史。太阳系和整个宇宙天体……从哥白尼创立太阳中心说，伽利略制成第一台望远

---

① 《列宁选集》第二卷，《唯物主义和经验批判主义》，北京：人民出版社，1960 年，第 79 页。

镜并用它来观察天体以来，自然科学的发展……逐步地证明诸天体和地球同样都不是依赖于任何意识、精神而存在着的物质的东西。每个天体都有自己的生成和发展的历史，它们的存在和发展都只能用物质本身的原因去说明……①

精神现象只是某些复杂的高级物质形态的属性，没有离开物质而独立存在的精神力量。②

在现代视域下，必须承认，宇宙的发展历程是：在人类出现之前，在人的意识产生之前，地球早已存在，地球上种类繁多的物质也已存在，它们并不依赖于人的意识就已独立地存在着。可见，这一切并不是人的意识产生出人之外的客观世界，而是客观的物质世界发展到了一定阶段，才产生出人，有了人才会有人的意识。显然，宇宙间不存在离开物质的精神，更不可能由精神、意识而衍生出物质世界来，“心生万物”是不可能的。假如意识真能生出万物，那么一个没饭吃、没衣穿的穷人，他只要躺家中，好好地运用自己的“灵明”，便能衍生出美食和华服，那不就能过上好日子了吗？这样一来，世间岂不就不再有穷人了？但这显然是不可能的。

在现代视域下应该看到，阳明心学把“心”作为宇宙的本源，认定由“心”生出“万物”，是颠倒了物质与精神的先后位置，倒置

---

① 艾思奇主编：《辩证唯物论 历史唯物论》上篇第二章，《世界的物质性》，北京：人民出版社，1973 年，第 30 页。

② 同上，第 33 页。

了物质与精神的关系，否定物质的客观性，虚拟了意识、精神的创物及主宰功能。

毋庸讳言，阳明生活的时代，科学的发展水平相对比较低下，尚没有为阳明提供宇宙发展的知识，这是阳明的“心外无物”出现理论偏颇的客观原因。从主观上说，在阳明生活的时代，他更多地考虑人性平等、人性觉醒与主体精神高扬，便有意无意地高估了人的主体意识的作用，而忽略了对物质世界的客观性的思考。正是囿于特定的历史环境，阳明心学无法避免片面性与局限性，因而今人在审视阳明心学时，既要正视其不足，又不能对其过于苛求。

其次，关于人的主体能动精神高扬

马克思主义哲学肯定物质世界的客观性，认定物质产生精神，否定精神产生物质，但并不否定人的主观能动精神，而是在认定意识是人脑对于客观世界的反映的同时，又认定意识对物质的反映是能动的，意识在一定的条件下，能够反过来对物质发展进程起到巨大的作用，具体便是人的观念、计划、理论、主张等可以指导人们对客观世界的实践活动，引发客观世界的变化与发展。就是说，人的意识不仅能反映世界，而且也能改造世界。

意识的能动精神，便是人所特有的主体精神。人，是社会动物，是不同于一般动物的高级动物。人能通过自己的行动创造出自身需要的生存环境，由是而引发客观世界的变动，当然人的行为与活动，必然受到自身意识的支配，即在人的思想、观念、理论、计划等主观的意识的指导与支配下，而进行社会实践活动，这体现出人的主观意识的能动作用。正是在这个意义上,可以说阳明心学对人的主体精神的这种肯定与高扬,同马克思主义哲学的看法完全一致。这便是作为中国早期启蒙先声的阳明心学的理论亮点。

近年,对阳明心学的"心即理",人们对其高扬人的主体精神给予高度的肯定,更有学者以西方的现象学、量子学等现代学科的理论,来阐述其合理性,如称"王阳明乃是以本体的人的存在为出发点,来理解世界的本体论存在方式的。无论人的本体论或物的本体论的显现,都透过心物一元的'观照'桥梁获得了联结"①;或称,"这个回答,无疑是一种现象学思想的中国式表达"②等。这些比较研究,有助于推进对阳明心学的解读,以促使其向现代转换。

应该说,用当代西方现象学解读阳明的"心即理""心外无物",确实有一定的合理性,这主要体现在认知论层面上。阳明心学与当代的现象学,均强调人们认知外界事物离不开人的主观意识,这是二者不谋而合之处;但是,阳明的"心外无物"论不仅仅是具有认识论意义,更是体现了阳明心学的本体论,是阳明对物质与意识关系——任何哲学家无法回避的本体论问题——的回答。必须认识到,在许多学者的解读中,未能把"心即理""心外无物"论置于哲学的本体论层面上进行剖析,有意无意地

① 张新民:《意义世界的构建——论王阳明的"心外无理、心外无物"说》,《孔学堂》(中英双语),2014 年第 1 期(创刊号)。

② 欧阳谦:《"心即理"的意向性诠释——从现象学看阳明心学》,《孔学堂》(中英双语),2015 年第 4 期。

回避了阳明在物质与精神关系上的理论偏颇，这无疑是“阳明热”中出现的一个不可忽视的不足。事实上，任何哲学都不应回避这一根本问题。作为一个理论研究者，也应时刻坚持正确的立场与方法，坚持辩证唯物论与历史唯物论。

第三章　“知行合一”：德行统一论

“知行合一”，是阳明心学的重要命题。其“立言宗旨”直接针对人们割裂道德意识与道德践履的关系，以至人的恶念得不到及时遏制的社会弊端。阳明“知行合一”说，揭示了“知”与“行”二者是彼此相依的，德与行相统一。其理论基石是“心即理”，心与理的合一决定了知与行的合一，即道德意识与道德行为的统一性。

一、“知行合一”论的创立

阳明被贬贵州时的“龙场悟道”，终结了其学术上的困惑。在经历了“学圣贤”的道路之后，他拓展了“求诸于心”的心学，为中华文化作出了重要的贡献。

从“格竹子”到“知行合一”

“知行合一”，是阳明心学的认知论，其创立经历了一个漫长的过程。

据史料记载，明初“六籍无光辉”，学界一片寂静。因为明代的开国皇帝太祖朱元璋出身低微，以“无古人之博知”为耻，故采取了尊儒的策略，欲借助儒生来治国。他接连下诏，让儒士“为武臣讲经史",又"修曲阜孔子庙,设孔、颜、孟三氏学","天下通祀孔子",等等。当时,官方所倡导的儒家思想仍然是朱熹理学。然而,由于明初的政治高压,儒士们已成惊弓之鸟,他们不以"登仕为荣,罢职为耻",守道出世成为世风,太祖的尊儒并没能使学术思想活跃起来。

至永乐年间,原来的文化策略未变,还出台了更有力的尊儒措施。明成祖组织儒生编纂和出版《永乐大典》《文献大成》《洪武正韵》《五经大全》《四书大全》《性理大全书》等书籍,并规定各级学校必须采用朱熹所注的四书五经。由此,在南宋末已取得统治地位的朱熹理学,更具有了独尊地位。当时学界的状况是:朱学的门人弟子"师承有自,矩矱秩然",儒生们"谨绳墨,守儒先之正传,无敢改错"。[①] 这种墨守成规、不敢改错的文化专制局面,直至明中叶,才受到陈献章"自得之学"的冲击。

王阳明出身于官宦家庭,自幼胸怀大志。青年时代即认定圣人可学而至,曾笃信朱熹理学,"遍读考亭之书",常常读至深夜。学朱熹,便要采用朱熹的作圣方法——"格竹子",即"格物致知"。据史料记载,他 21 岁时,在官署院子里,对着一片竹子去"格",可是怎么也格不出"天理"来。失败并没有让王阳明放弃对朱熹理学的追求,27 岁那年,经认真钻研朱熹学说后,他再次做"格物"的功夫,仍旧没有成功。王阳明说,他的朋友钱子"早夜去穷格竹子的道理,竭其心思,至于三日,便致劳神致疾",

---

① 《明史》卷二百八十二,《儒林列传》。

他也“自去穷格，早夜不得其理，到七日，亦以劳思成疾”。[①] 王阳明“格物”实践的失败，令他不得不怀疑朱子“格物”说的正确性，由怀疑进而检讨朱学的弊端。

对学术持认真态度的阳明，在对朱学中“理”与“心”相分的理论产生失望之后，曾有一段时间“出入于佛老”，学术兴趣转向佛学和道家，希冀在其中寻找到治理社会的良方。然而，他又失败了。在他徘徊在学术路上时，遇到了陈献章的衣钵继承人湛若水，两人“一见定交”，志同道合。他们虽学术观点不尽相同，常有思想交锋而互不苟同，但交情是极深的，彼此切磋心学，为心学在明代取代理学作出了贡献。

正德元年(1506)，阳明被卷入官场的是非，受刑后贬至贵州龙场驿，这是阳明人生的一大磨难，也是其学术道路上的一大转折。他的弟子曾记述：“先生居夷三载，处困养静，精一之功固已超入圣域，粹然大中正之归。”[②]具体便是：

> 王阳明在龙场期间，一度意志消沉，日夜端居澄默，以求静一。久而久之，胸中洗洗，思念圣人此处，更有何道？据说，一天夜里，他大悟“格物致知”的道理，始知“圣人之道，吾心自足”，过去向事事物物求理是错了。他默记《五经》的内容，来论证他所悟的一切“求诸于心”的道理，据说没有不符合的。这就是所谓“龙场之大悟”。[③]

---

① 《王阳明全集》卷三，《语录三·传习录下》，第120页。

② 《王阳明全集》卷一，《语录一·传习录上》，第1页。

③ 沈善洪、王凤贤：《王阳明和他的心学(代序)》，《王阳明全集》卷一，第5页。

由上足见，王阳明龙场悟道，是他经历了在学术之路与生活之路上的坎坷之后而收获的学术硕果，由此创立“求诸于心”的新格物学说，并开始讲授“知行合一”说。

二、“知行合一”论的宗旨与内涵

阳明心学，与白沙心学一样，是为挑战朱熹理学而创立，而“知行合一”说则是其中至为重要的命题。正德四年(1509)，在贵阳书院，阳明讲授其“知行合一”说。在理论和实践的层面上，这一学说对中国的知行观都有所推进。

针砭社会弊端

总体上说，阳明心学是时代的产物，其学说的命题皆为解决社会某一问题而提出。“知行合一”说的提出即是要针砭社会弊端。阳明说得明白：

> 今人学问，只因知行分作两件，故有一念发动，虽是不善，然却未曾行，便不去禁止。我今说个知行合一，正要人晓得一念发动处，便即是行了。发动处有不善，就将这不善的念克倒了。须要彻根彻底，不使那一念不善潜伏在胸中。此是我立言宗旨。[①]

因“知”与“行”被支离，是以人们的不善观念就得不到及时禁止，而阳明学说就要解决这个问题。在他看来，这一社会弊端，若不

① 《王阳明全集》卷三，《语录三·传习录下》，第96页。

彻底地消除，势必让不善的念头存于心中，故有必要倡导一种“知行合一”的学说，让世人懂得，即使是一个念头的出现也算是行动，于是必须把不善消灭在观念状态。这便是“知行合一”论创立的宗旨。

基本内核是德行同一

明代心学的理论宗旨，是反对宋代理学的“支离”。倡导“合一”，便是强调“德”与“行”的同一。阳明指出：

> 知是行的主意，行是知的功夫；知是行之始，行是知之成。若会得时，只说一个知，已自有行在，只说一个行，已自有知在。[①]
>
> 未有知而不行者。知而不行，只是未知。[②]

在阳明看来，知与行本来就是“一个工夫”，支离不得，故他又说：

> 行之明觉精察处，便是知；知之真切笃实处，便是行。若行而不能精察明觉，便是冥行，便是“学而不思则罔”，所以必须说个知；知而不能真切笃实，便是妄想，便是“思而不学则殆”，所以必须说个行；元来只是一个工夫。[③]
>
> 知行原是两个字说一个工夫，这一个工夫须着此两个字，方说得完全无弊端。[④]

“一个工夫”，是“知行合一”说的内核，揭示了知行二者相互依

---

① 《王阳明全集》卷一，《语录一・传习录上》，第 4 页。

② 同上。

③ 《王阳明全集》卷六，《文录三・书三・答友人问》，第 208 页。

④ 同上，第 209 页。

倚，不可相分，突显了该学说的宗旨确实是反对把知行“截然分作两件事做”。

理论依据：“心即理”

阳明认定知行是“一个工夫”，其理论的依据是：

> 心即理也。①
>
> 无心外之理，无心外之物。②

在阳明看来，由于理不在心之外而在心之中，心就是理，因而不管是人自身的主观的行为与活动，或是人之外的客观世界的一切，无不是本体的心或是外发的心。用他自己的话来说就是：

> 身之主宰便是心，心之所发便是意，意之本体便是知，意之所在便是物。如意在于事亲，即事亲便是一物；意在于事君，即事君便是一物；意在于仁民爱物，即仁民爱物便是一物；意在于视听言动，即视听言动便是一物。③

显然，阳明是说心与物不二，由心“所发”的“意”即“知”，与践履道德的“行”便是同一的，或说是合一的，不可支离的。

由此足见，“知行合一”说是阳明心学的具体体现及运用，是阳明“论学最要紧处”④。阳明之所以把“心即理”作为“知行合一”的理论基石，是因为他在“理”与“心”之间画上了等号。在他看来，心就是理，理就是心，心所固有的道德意识，与心外发而产

---

① 《王阳明全集》卷一，《语录一·传习录上》，第 2 页。

② 同上，第 6 页。

③ 同上。

④ 《王阳明全集》卷六，《文录三·书三·答友人问》，第 209 页。

生的道德践履，本是同一的东西。也就是说，人的道德修养，无须外求，只须内省。这就回到了孟子所说，“尽心而知性，知性而知天”[①]的“内王”的修养路径。虽然孟子没有提出“心外无物”的命题，但他说“天生烝民，有物有则”，认为天在造物之时，把人的道德本性，即为人之“则”蕴藏在人的心中，人们只要通过对本体之心的体悟，便可认知人的道德本性。由此可见，若要主张道德意识与道德行为相统一的“知行合一”论，其理论的前提与基础必然是道与心等同。

关于“知行合一”说的理论贡献，过去很长一段时间一直未能得到肯定。改革开放以来，学界对此已有纠正。如沈善洪与王凤贤在《王阳明全集》代序中所说：

> 王阳明的“知行合一”论，在伦理学的意义上说，“知是一种‘德性之知’，‘是为良知’，而非知识也”。“知行合一”，讲的是道德意识与道德行为的统一。
>
> 王阳明的“知行合一”论，还包含着回答认识论上“知”与“行”的关系问题。[②]

这是一个公允的评价，肯定了阳明的“知行合一”的理论价值：在伦理学意义上，揭示道德意识与道德行为的统一性；在认识论上，揭示知与行的关系，对中国的知行观的发展有着推进作用；等等。

阳明的“知行合一”说，既有可贵的贡献，也存在理论偏颇。

---

① 《孟子·尽心上》：“尽其心者，知其性也。知其性，则知天矣。”
② 《王阳明全集》卷一，《王阳明和他的心学（代序）》，第9页。

它首先否定了意念之外的客观世界的存在，进而把主观的道德意识与客观的道德行为混为一谈，把人们追求主体与客体的一致性夸大为现实存在的等同性，也就是混淆了主体意识与客观实践的界限。当然，人们不会因此而否定其理论贡献，但也须正视其理论的偏颇。

三、“知行合一”论的社会意义

阳明的“知行合一”论，强调人的主体意愿必须与见诸外的行为相结合，这蕴含着积极的社会意义，今人可从其超越时空的真理性中得到启迪。

理论，必须回应时代问题

阳明的“知行合一”论，产生于明代中叶，当时的中国社会进入了封建社会后期，商品经济有了较快发展，社会矛盾也进一步激化，如：土地兼并；官宦贪腐；课税田赋增加，民众不堪负荷；统治阶层采取种种措施加强中央集权等。同时，工商业发展，繁华的街市出现，出卖劳动力的劳工产生，市民活力在增强。社会正处于转型前夕。社会如何由“乱”而回归“治”？原始儒家的办法是用“礼”，即重建社会秩序、维系社会的道德伦常。可以说，时代呼吁道德重建，北宋理学也是顺乎道德重建的时代需要而产生的，以“存天理，去人欲”为理论依归的朱熹理学，能够成为独尊的统治哲学，正是当时维系社会稳定的需要。

然而，朱熹理学主张“心与理为二”，教人向外“格物”而求“天理”，这种“支离”的修养方法，在道德实践上是难以取得预期成效的。明初出现了反“支离”的社会思潮，明代心学鲜明的理论特色是“理”与“心”的同一，陈献章的“道通于物”与“心为道舍”，以及王阳明的“心即理”，都强调了道德修养无须向外“格物”，只须“反求诸身”，从而高扬了人的主体精神。

“知行合一”论，虽有认识论意义，但从王阳明自己反复说的“立言宗旨”看，他更多的是着眼于道德层面去纠偏，“对症下药”，继续回应时代对道德的诉求。他的学说是求学至圣，人人可以做得到，因为：

> 学是存天理。心之本体即是天理，体认天理只要自心地无私意。[①]

在阳明看来，知与行本合于一，都是心的本体，出现相分的情况，乃因“被私欲隔断”[②]；要做到“知行合一”，必须在道德践履开始时消除不善的道德意识，使二者得以合一。

理论在当代传承彰显其社会价值

阳明心学的重要命题“知行合一”是在1509年提出的，几个世纪过去之后，孙中山的《心理建设》以及毛泽东的《实践论》，都在某种意义上传承了阳明“知行合一”论。这些传承都发生在重要的历史时刻，也凸显了阳明心学的社会意义。

以振兴中华为己任的孙中山，在民国初年撰写了《建国方略》，为理想中的新中国规划了一个无比宏伟的建设蓝图。《建国方略》含三大部分，“心理建设”为其中第一部分。

---

① 《王阳明全集》卷一，《语录一・传习录上》，第27页。
② 同上，第4页。

《建国方略·心理建设》（即《孙文学说》）中，孙中山阐述了心理建设在社会建设中的地位与作用。据学者考证，孙中山撰写该文之前，曾大量阅读19世纪末西方人文主义和非理性主义的著作，包括罗素、尼采、沃特、席勒等哲人的20余本著作①，从中吸取了思想养分；但从该文的内容看，孙中山同时也“因袭吾国固有之思想”，受到曾风靡日本的阳明心学的影响，写作前阅读了王阳明的著作。可以说，孙中山心理建设的理论基点之一，便是中国传统心学的“心为本”论。

孙中山认定，“心”为建国之基，体现出心学色调。在《建国方略·心理建设》中，孙中山斩钉截铁地说：

> 是以建国之基，当发端于心理。②
>
> 夫国者，人之积也。人者，心之器也。国家政治者，一人群心理之现象也。③

---

① 姜义华：《论孙文主义人文精神的新构建》，转引自林家有、张磊主编：《孙中山评传》，广州：广东人民出版社，2014年，第364—365页。该文称，当时孙中山曾阅读的主要著作有：罗素（Russell）的《柏格森的哲学》《我们关于外间世界的知识》，尼采（Nietzsche）的《超人的福音书》，布特鲁（Boutroux）的《现代哲学中的科学与宗教》《宗教的兴衰》，韦斯特马克（Westermarck）的《道德观念的起源和发展》，倭铿（Eucken）的《当代伦理学》《精神生活》《知识与生活》《宗教的真相》，巴尔西里（Balsillie）的《柏格森教授的哲学》，约内士（Johnes）的《鲁道夫·倭铿哲学阐述》，布特鲁（Boutroux）的《教育和伦理学》，雷（Ray）的《一种新哲学：亨利·泊格森》，马里坦（Maritain）的《柏格森的哲学》，叔本华（Schopenhauer）的《意志与表象的世界》，艾略特（Eliot）的《现代科学与柏格森教授的幻想》，沃特（Want）的《自然主义不可知论》，莱尔德（Larid）的《自我问题》，赖特（Wright）的《自我意识》等。

② 《孙中山全集》第六卷，《建国方略·心理建设》，第214页。

③ 同上。

在孙中山看来，国家是由人所组成的，国家的政治现象，无非是人的心理表现而已，他的逻辑推衍是：

“心理”⟶“人”⟶“国家”

故孙中山呼吁：

> 国民！国民！当急起直追，万众一心，先奠国基于方寸之地，为去旧更新之始，以成良心上之建设也。[①]

所谓“方寸之地”，指人心。他认为，人心，即人的心理，在建国之始就应先“奠定”。

孙中山认定，心是宇宙本原。他直白地说：

> 夫心也者，万事之本源也。[②]
>
> 心之用大矣哉！[③]

在他看来，世界上的一切事与物，皆本源于“心”；社会的兴盛与衰败，也产生于人心的“振靡”。这明显体现出孙中山受到了阳明“心即理”，“心者，天地万物之主也”[④]，“心外无物，心外无事，心外无理，心外无义，心外无善”[⑤]等观点的影响。孙中山也认为“心”统摄天地万物，贯通于一切时空，无所不在，心便是宇宙的本体。

---

① 《孙中山全集》第六卷，《建国方略・心理建设》，第 215 页。
② 《孙中山全集》第六卷，《建国方略・心理建设》，第 159 页。
③ 同上。
④ 《王阳明全集》卷八，《文录三・传习录下・答季明德》，第 214 页。
⑤ 《王阳明全集》卷四，《文录一・书一・与王纯普》，第 156 页。

孙中山认为心为“万事之本源”，强调人的主观意识的决定作用，与阳明的说法是一脉相承的。孙中山认为，宇宙间的一切无不决定于由心而生的意志，他说：

> 吾心信其可行，则移山填海之难，终有成功之日；吾心信其不可行，则反掌折枝之易，亦无收效之期。[①]

这一说法同阳明所说“在物为理，处物为义，在性为善，因所指而异其名，实皆吾之心也。心外无物，心外无事，心外无理，心外无义，心外无善”[②]，“圣人感人心而天下和平”，“而万物生，天下和平焉，则天下万物之情可见”[③]等相同。他们都主张：心可以创造一切，改变一切，主控一切，宇宙间的一切都无非是由我的心所决定。基于此，孙中山认为，新国家的存亡取决于能否破“心理之大敌”，而“出国人之思想于迷津”[④]。可见孙中山明显是接受了阳明关于“剿山中贼易，剿心中贼难”的说法。

在《心理建设》中，孙中山直接论及阳明的“知行合一”，对其理论既有肯定又有批评：一方面，肯定“阳明‘知行合一’之说，即所以勉人为善”，肯定“‘知行合一’之说曰：‘即知即行，知而不行，是为不知。’其勉人为善之心，诚为良苦”[⑤]；另一方面，又指出阳明的理论仍然保留传统的“知之非艰，行之惟艰”之意，“与

---

① 《孙中山全集》第六卷，《建国方略·心理建设》，第158页。
② 《王阳明全集》卷四，《文录一·书一·与王纯甫》，第156页。
③ 《王阳明全集》卷二十六，《续编一·五经臆说十三条》，第978页。
④ 《孙中山全集》第六卷，《建国方略·心理建设》，第159页。
⑤ 同上，第197页。

真理背驰”,“不合于实践之科学”[①]。孙中山认为,阳明只是说了“合知行于一人之身”,而在当时,“以科学愈明,则一人之知行相去愈远,不独知者不必自行,行者不必自知,即同为一知一行,而以经济学分工专职之理施之,亦有分知分行者也”[②]。或许孙中山对王阳明的批评过于严苛,但他是以近代科学的视角,去重新考量明代心学的“知行观”,从而创新传统的学说,使之适应历史发展的潮流,这无疑昭示着中华文化发展的大趋势。

毛泽东早在学生时代,便撰写了《心力论》;在领导抗战期间,撰写了《矛盾论》和《实践论》,以二论作为全党和全民的思想武器及精神动力,其中《实践论》一书的副题是“论认识与实践的关系——知与行的关系”,用中国传统的“知与行”来解读马克思主义哲学的“认识与实践”,因而世人认定毛泽东的二论是马克思主义中国化的典范。尽管《实践论》主要是阐发马克思主义的认识论关于认识与实践的关系,没有直接论及阳明的“知行合一”论,但从该文的副题可推断,当年的毛泽东肯定也熟悉阳明的“知行合一”。

当代社会呼唤“知行合一”

当今时代,是商品经济时代。回顾世界经济发展的历程,人们会发现商品经济发展必以“利”为驱动力,而“趋利”的意识又必然带来道德滑坡:唯利是图、“诚信”失落……可以说,我们如今同样面临着当年阳明所面临的社会问题。正是从这一相似的

---

① 《孙中山全集》第六卷,《建国方略·心理建设》,第197、198页。

② 同上,第198页。

社会背景去思量，当今社会还应呼唤“知行合一”，它的社会价值至今犹存！

在当代社会，可从两个层面上传承与弘扬阳明的“知行合一”论：

其一，从德行合一方面着力。

阳明的“知行合一”，教人把真切体认出来的良知落实到自身的道德行为上，做到德与行的合一。在现实生活中，往往有一些人道貌岸然地做着“口头革命派”，像“手电筒”一样只照别人，不照自己。因而，学习阳明的“知行合一”很有必要。“有道德始有国家，有道德始成世界”[①]，人人都应做个道德高尚的人，把道德意识落实到日常行为上来，做到言行一致，德行合一。

其二，从知必行方面着力。

阳明的“知行合一”论，在当时主要是针对一些人高喊道德而没有道德行动的社会弊端而提出，故他要强调的是“行”：

> 未有知而不行者。知而不行，只是未知。[②]

阳明为何强调“行”，这不仅因为他十分务实，即知即行是其学说的突出特色，更因为在阳明看来，知是人生来就有的本性、本能，不须外铄、不须学习，而行则须花力气。从中国古人所言“知之非艰，行之惟艰”来看，人们总认为知易而行难，社会现实中，人往往会说而不一定去行动。阳明的“知行合一”，教人勉于行，鼓

---

① 《孙中山全集》第三卷，《在东京中国留学生欢迎会的演说》，北京：中华书局，1984 年，第 25 页。

② 《王阳明全集》卷一，《语录一·传习录上》，第 4 页。

励人们积极实践，实在可贵！

近年，中共中央开始倡导实干精神，习近平总书记的讲话中亦多次强调“知行合一”，号召全民砥砺前行，可见阳明的“知行合一”在当代社会也得到了传承与弘扬。

对“知行合一”论的反思

阳明的“知行合一”论，是明代心学留下的一份弥足珍贵的思想遗产，它应当被传承与弘扬。而在现代视域下进行审视，阳明“知行合一”论除了富有真理性，也存在理论偏颇。

阳明“知行合一”论对中国传统知行观的理论发展起了推进作用，这集中体现在对传统知行观中片面性的纠正。阳明的主观意图在于推动社会道德的重建，在论述“知”与“行”关系时，努力揭示二者的关系，明确反对现实生活中的两种偏向：不注重“知”的“冥行”和不“行”的“妄想”，而十分注重实践的客观存在，强调知与行的相互依倚，不可分割，为传统的知行观添加了辩证因素。

理论思维的发展，总是以一代人的新理论去纠正前人的理论片面性，人类的理论思维链条就是这样延续着。阳明生活在一个反对并清算“支离”思维方式的时代，他肩负着克服理论片面性的历史使命，然而，其“知行合一”论，在纠正朱熹“格物致知”说的理论偏颇时，却衍生了另外的理论偏颇：道德先验，以及知行绝对等同。首先，阳明同其他心学家一样，视人的道德本性为“天理”，是人不需“学”与“虑”的良知，是从出生就带有的先验德性。事实上，道德是人们的一种意识，它是后天养成的，而不是先验的。道德是一定的社会环境与社会制度的产物，有怎样的社会环境与社会制度，就有怎样的道德准则，先验道德不可能存在。再者，阳明的“知行合一”论，过于强调“知”与“行”的统一性，他说：

一念发动处，便即是行了。①

于是陷入“知”=“行”的理论偏颇。对此，当年甘泉曾指出：

夫学不过知行，知行不可离，又不可混。②

显然，甘泉不同意阳明的说法。当代学者蒙培元则指出：

王守仁看到意识活动和实践活动的统一性，却抹杀了二者的本质区别。这就等于取消行，而以知为行。王夫之批评他“销行以归知”是很有道理的。③

由上足见，经历了5个世纪，学界对阳明“知行合一”论是褒贬不一的。应该相信，历史会给它一个公允的评价。

近年的“阳明心学热”中，人们对“知行合一”进行了现代诠释，它被赋予了时代精神，成为贵州人精神、企业精神，乃至民族精神。人们大都以毛泽东《实践论》中的“理论与实践相结合”的说法，去诠释“知行合一”。平心而论，这样的解读，并不合乎阳明的原意。阳明的本意，“知行合一”中的“知”，并非指“知识”，而是指“良知”、道德本性、道德意识。在阳明看来，“知识”并非

① 《王阳明全集》卷三，《语录三・传习录下》，第96页。

② ［明］湛若水撰，钟彩钧、游腾达点校：《泉翁大全集》卷八，《文集・答顾箬溪佥宪》，台北："中央研究院"中国文哲研究所，2017年，第236页。

③ 蒙培元：《理学的演变——从朱熹到王夫之戴震》，第244页。

好东西，在给顾东桥的函件中，他曾如是说：

知识之多，适以行其恶也。[①]

阳明认为“知识”是“恶”的源头，他列举种种例子，说明许多人正是依仗自己超乎他人的“知识”去做坏事。对阳明关于知识的看法，有学者指出：阳明在批评朱熹时强调，“学圣人之学，不应去求圣人学而后知的，而应该专求圣人所能知生知的，因而为学的重点是在道德义理，而不是具体知识”，阳明是“通过把道德与知识对立起来，强调道德义理的优先性”[②]。由是可见，阳明的“知行合一”论所言的“知”，绝非指“知识”，而是指“良知”，即人的道德意识。今人可以对“知行合一”进行现代解读，以揭示它的当代价值，但是首先应该要了解它的本意，不要曲解或误读。

把“知行合一”解读为理论与实践相统一，这便不恰当了，是误解了阳明的原意。当然在现代的语境下，突出知与行的统一性，注重笃实践履，确也不离阳明创立“知行合一”论的初衷，从某种意义上说，这也算得上是传承与弘扬中华优秀传统文化及传承阳明心学的积极的、有效的举措。

---

① 《王阳明全集》卷二，《语录二·传习录中·答顾东桥书》，第56页。

② 陈来：《论王阳明“拔本塞源”的思想》，《2017宁波余姚阳明文化周·中国阳明心学高峰论坛成果集》（内部发行），第3页。

第四章　“致良知”：道德觉醒论

“良知”是贯穿阳明心学的一根红线，“致良知”则是具有核心意义的命题，是其学术宗旨与理论归宿，是其学说的一大理论亮点。“致良知”论，乃是要教人真切地体认心中的道德本性，做真正意义上的人——圣贤。“致良知”在明代中叶被提出，在当时是疗治社会“人欲横流”的良方，对于当今的社会文明建设，仍有可贵的启迪意义。

一、“致良知”论的基本内涵与理论基点

作为阳明心学第三乐章的“致良知”，是他在建功立业之后才提出的命题，是其学说的最终归宿。

“良知”与“致良知”

何谓“良知”？阳明作了两个方面的界定：

> 良知者，心之本体。①
>
> 吾心之良知，即所谓天理也。②

---

① 《王阳明全集》卷二，《语录二·传习录中·答陆原静书》，第61页。

② 《王阳明全集》卷二，《语录二·传习录中·答顾东桥书》，第45页。

阳明认定，良知既是人的本性，也是天理。在他看来，这种本性是天赋的，故明白地说：

> 良知即是天植灵根，自生生不息。[①]

在阳明看来，良知是一种自然人性，是天赋予人的“灵根”。他又认定：

> 良知是天理之昭明灵觉处，故良知即是天理；
>
> 良知不由见闻而有，而见闻莫非良知之用，故良知不滞于见闻，而亦不离于见闻。[②]

“良知”是人的自然本性，是人不须学习和思考的先验人性，是不依靠外铄而存于人的“是非之心”，是一种有“是非”原则的道德本性。换言之，“良知”便是天赋的、人所以成为人的本质属性，即人的质的规定性。孟子引《诗》曰：“天生烝民，有物有则。”可以说，阳明的“良知”，便是天赋予人的“天则”，即人的本性，即孟子所说的不学而知，不虑而能的“良知”。

“致良知”论，是阳明在经历艰辛的磨难之后而提出的命题，它既是“心即理”道德本体论的展开，又是“知行合一”道德认知论的彰显，是其学说最富于真理性的内核。

正德十二年至十六年（1517—1521），阳明受命至江西，度过了“百死千难”的军旅生涯。在平定宁王叛乱之后，他深感“良知真足以忘患难、出生死”，故认定“致良知”是“真圣门正法眼藏”，

① 《王阳明全集》卷三，《语录三・传习录下》，第101页。

② 《王阳明全集》卷二，《语录二・传习录中・答欧阳崇一》，第72、71页。

遂创立“致良知”论。

“致良知”论，是把认知看作人对道德本性的体认与觉悟。阳明提出：

> 吾教人致良知，在格物上用功，却是有根本的学问。①

他认为，学问的根本“只是在良知上用功”②，“就自己良知上真切体认”③。“致良知”，便是真切地体认天理，唤醒自身的道德本性，守住自己的本体之心，也就是正心之不正而归于心之正，进而把良知体现于事事物物，体现于行动之中，在事上磨炼。

阳明尤其强调“致良知”的重要性：

> 良知之外，别无知矣。故致良知是学问大头脑，是圣人教人第一义。④

他认定，社会教化，首先是教人“致良知”；作为个人，你要完成“作圣之功”，便须“致良知”。他指出：

> 圣人气象自是圣人的，我从何处识认？若不就自己良知上真切体认，如以无星之称而权轻重，未开之镜而照妍媸，真所谓以小人之腹而度君子之心矣。⑤

阳明强调，要达到圣贤的境界，则必须“致良知”。一个人如不真

---

① 《王阳明全集》卷三，《语录三·传习录下》，第 99 页。
② 《王阳明全集》卷二，《语录二·传习录中·答陆原静书》，第 71 页。
③ 《王阳明全集》卷二，《语录二·传习录中·启问道通书》，第 59 页。
④ 《王阳明全集》卷二，《语录二·传习录中·答欧阳崇一》，第 71 页。
⑤ 《王阳明全集》卷二，《语录二·传习录中·启问道通书》，第 59 页。

切地体认良知，进行道德觉醒，他就像一杆没有准星的秤，不能权衡轻重；亦像还没开光的镜子，不能照物。就是说，秤不是真正意义上的秤，镜不是真正意义上的镜，同样人也就不是真正意义上的人。这两个形象的比喻，深刻揭示了“致良知”对人来说，是何等的重要！

“致良知”的理论基点：“人禽之辨”

明代心学，从白沙到甘泉与阳明，均以“作圣”为涵养的宗旨，他们同样以儒家的“人禽之辨”为依据，认定人与动物的分水岭在道德，人只有觉悟了自己的道德本性，才是真正意义上的人，即“圣贤”。人与禽兽的根本区别，在于是否有仁义道德。

早在先秦时期，孟子便已明确提出，“犬马之与我不同类”[①]，揭示了人与禽之异在于道德。依循这一理论，白沙在《禽兽说》中进行了具体阐述：“人具七尺之躯，除了此心此理，便无可贵，浑是一包脓血裹一大块骨头”，“凡百所为，一信气血，老死而后已，则命之曰‘禽兽’可也”。[②] 这是说，人既是气血之人，也是心性之人；人具有动物性的、气血性的生理需求，同时也具有社会性的非动物性的心性本性。这揭示了人生命的双向价值：人，是自然之人，有动物之躯体与生命价值；人，同时也是社会之人，有“此心此理”，具有心性的生命价值。白沙认定具有“此心此理”的人，才称得上是真正意义上的人，如只有生理需求，那便

---

① 《孟子·告子上》。

② 《陈献章集》卷一，《禽兽说》，北京：中华书局，1987年，第61页。

是“禽兽”。

阳明同陈献章一样，依循儒家的“人禽之辨”的理路，明确提出：

> 只为世上人都把生身命子看得来太重，不问当死不当死，定要宛转委曲保全，以此把天理却丢去了。忍心害理，何者不为？若违了天理，便与禽兽无异，便偷生在世上百千年，也不过做了千百年的禽兽。①

他也认为，人有“生身命子”与“理”两个层面上的生命价值，如果“忍心害理”，“违了天理”，为了保全性命而丢失天理，失去良知，那也就“与禽兽无异”了。显然，阳明传承儒家的“人禽之辨”，把是否有“良知”“天理”作为人与禽兽的分界点。他仍然强调，人如果“违了理”，失去良知，那便是“禽兽”，即使活上百千年，也不过就是百千年的禽兽而已。因而，阳明的“致良知”，同样是告诉人们，必须通过涵养，保住道德本性而成为能以“理”驾驭“气”的、真正意义上的人，即有道德品格的圣贤。可见，阳明“致良知”的理论基点，还是“人禽之辨”。

二、“致良知”论，对“人欲横流”社会的救赎

阳明的“致良知”，是对明中叶商品经济发展所带来的社会

---

① 《王阳明全集》卷三，《语录三 · 传习录下》，第 103 页。

问题的回应，也是对"人欲横流"社会的救赎。

如前所说，自宋以来工商业开始得到较快发展，古代中国"以农为本"的国策受到了挑战；迄至明代，由于社会经济改革的驱动，商品经济有了较前更快速的发展。生活在明代中叶的阳明，深感人的物欲在不断膨胀，他称当时是"功利之毒沦浃于人之心髓，而习以成性"①的时代。他目睹人们被"私欲"所蔽的种种怪现象，曾尖锐地指出：

> 相矜以知，相轧以势，相争以利，相高以技能，相取以声誉。其出而仕也，理钱谷者则欲兼夫兵刑，典礼乐者又欲与于铨轴，处郡县则思藩臬之高，居台谏则望宰执之要……知识之多，适以行其恶也；闻见之博，适以肆其辨也；辞章之富，适以饰其伪也。②

面对人欲膨胀的残酷现实，阳明慨叹：

> 既其久也，斗争劫夺，不胜其祸，斯人沦于禽兽夷狄……
>
> 呜呼，可悲也已！③

他"愤然"疾呼：

> 拔本塞源！④

---

① 《王阳明全集》卷二，《语录二·传习录中·答顾东桥书》，第 56 页。
② 同上。
③ 同上，第 55、56 页。
④ 同上，第 56 页。

阳明希冀通过唤醒人们心中的天理，使“良知之明”，能“万古长存”，仁心得以恢复，使人们能“消除私欲之蔽”，不致“沦为禽兽”。

回顾历史，社会道德下滑的局面，在宋代已经出现，并早在宋初就引起儒士们的关注。先后有周敦颐、程颢、程颐、张载、朱熹、陆九渊等人，他们分别创立了理学、气学与心学，尽管各流派的学理不尽相同，却有着同一的宗旨，那便是“存天理，去人欲”。儒士们都希冀通过压抑人的物质欲望，去维系社会的道德纲常。认定“饿死事小，失节事大”的朱熹学说，得到朝廷的青睐，一度成为社会的主流意识。然而，人欲难除，宋代理学家们并未能以“去人欲”的办法解决道德下滑的社会问题。儒士们认为“人欲”难以“去”，儒家先贤也只是说“寡欲”，而并没说“去欲”或“禁欲”。迄至明代中叶，白沙的“静养端倪”、甘泉的“随处体认天理”以及阳明的“致良知”，皆倡导“反诸心”，通过体认心的本性，使道德本性觉悟，以保住“天理”“良知”，而去抵御外来的诱惑。这才是对当时社会的真正救赎。

应该说，宋代理学与明代心学，均以维系社会道德纲常为学术宗旨，力求对“人欲横流”、道德滑坡的社会进行救赎。然而，与宋学不同的是，明代心学家白沙、甘泉与阳明却在思考：天理与人欲是不是绝对地对立？是不是一定要压抑人欲才能维系道德纲常？他们的答案显然不一样。他们认为，无须压抑人欲，只须通过对蕴含在人心中的天理的体认，唤醒人的道德本性，即能以明是非的“良知”去掌控自己的行为，去抑制自己的物质欲望，也就是通过人的道德自律，便能把人的物质欲望控制在合理的范围之内。这是对先秦原始儒家所倡导的“寡欲”论的传承与弘扬，这也是“致良知”所以能救赎当时的社会，而使阳明学能在明中后期风靡的原因所在。

倡导“致良知”，以道德去构建安定的社会，这是阳明重要的政治理念。阳明曾为朝廷到边远地方去平乱，他心里十分明白，那些地方之所以出现动乱，是由于“声教不及”“政教不及”；虽以朝廷之威而平定动乱，但只有“建立县治”“兴起学校，以移易风俗”“化盗为良”，才是“久安长治之策”。[①]他认定，边远之地教化缺失，人也就失却了良知，故他每到一个地方平乱之后，都希冀通过地方建设，进行教化，改变民风民俗，培育民众的仁心，以“剿心中贼”，而后能变“盗”为“良”，以营造“有序”的安宁社会。

阳明在江西、广东和福建平乱之后，先后奏请设置了崇义县、和平县与平和县，原因是他坚信，教化（即以教化人）便是通过儒家经典教育，培育人的仁义之德。阳明把新设立的三个县称作“崇义”“和平”与“平和”，如此定名，原因在于期待由仁义道德而带来世间的“和平”，实现社会长治久安、宁静和谐。也就是以“教化”，即“致良知”，使“无序”的边远之地，重建为社会文明的“有序”之域。这一历史记述，展示了阳明的“致良知”同社会建设有着密切关系。

---

① 《王阳明全集》卷十一，《别录三·添设和平县治疏》《别录三·立崇义县治疏》，第370、371、367、350页。

三、"致良知"论的当代价值

由以上分析可见，阳明的"致良知"揭示了社会文明与人的道德密不可分，有道德才能构建文明社会。人类的发展历程，恰恰验证了阳明这一理路的真理性。远古时代，人类为了抵御外界侵害、求得生存，便聚集在一起，渐渐形成社会。生活在社会中的人，既是一般的动物，又是有道德的动物。道德，是社会行为的规范，正是靠着人人必须遵守的道德规范，社会才变得"有序"、和谐、安宁；只有处于"有序"状态下，人类才能生存和发展。正是在这个意义上，可以说道德是社会和谐与安宁的基石，是社会长治久安的杠杆，是社会向心力的基础。

有道德才能构建文明社会

道德与社会的关系，孔子早已关注。生活在"礼崩乐坏"时代的孔子一直在思考：社会为何会出现动乱？他认为，"好勇疾贫，乱也；人而不仁，疾之已甚，乱也"[①]，社会动乱的根源在于人们失却了仁心，"人而不仁"是社会动乱的根源所在。故孔子提出"导之以德，齐之以礼，有耻且格"[②]，倡导以德治国、以礼治国。他提出"克己复礼归仁，一日克己复礼，天下归仁"[③]。古人已懂得"国无德不兴，人无德不立"的道理，故注重

① 《论语·泰伯》。
② 《论语·为政》。
③ 《论语·颜渊》。

教化，以文化人，以文育人。孙中山在《三民主义》中，阐述了道德的重要性，提出只有将中华民族固有的道德恢复并发扬光大了，“然后我们民族的地位才可以恢复”①。他强调“有了很好的道德，国家才能长治久安”②；他疾呼，国人要正心、诚意、修身、齐家，“从内发扬到外，由一个人的内部做起，推到平天下为止”③；他主张“改良人格来救国”④。他说：“有道德始有国家，有道德始有世界。”⑤后又题词：“有道德始有国家，有道德始成世界。”⑥

世人越来越认识到，道德对维系社会稳定和推进社会文明有着基础性意义。近代以来，外国学界亦十分关注道德的功能与作用。历来更为偏好功利主义与自由主义的西方学界对道德也早已有颇多论述，如：

法国社会学家爱弥尔·涂尔干（1858—1917），在其专著《道德教育》中，界定了道德的含义，揭示了道德的功能，并具体阐述了如何从培育儿童的道德素质开始而进行社会道德教育。他指出：

---

① 《孙中山全集》第九卷，《三民主义·民族主义》，北京：中华书局，1986 年，第 247 页。
② 同上，第 242 页。
③ 同上，第 247 页。
④ 《孙中山全集》第八卷，《在广州全国青年联合会的演说》，北京：中华书局，1986 年，第 319 页。
⑤ 《孙中山全集》第三卷，《在东京中国留学生欢迎会的演说》，第 23 页。
⑥ 刘望龄辑注：《孙中山题词遗墨汇编》，武汉：华中师范大学出版社，2000 年，第 131 页。

> 道德完全存在于个人的良知中，只要看一看我们的内心，就足以把道德揭示出来。①

这位西方学者，同中国心学家一样，视道德为人的“良知”，认定道德就在人的“内心”，是人本该具有的属性。进而，他给道德下定义：

> 道德是各种明确规定的总和……②

他又具体提出：

> 道德的功能首先是确定行为，固定行为，消除个人随意性的因素。③
>
> 道德是由不计其数的特殊规范组成的，这些规范既是固有的，也是具体的，能够在一个人极为频繁地发现自身所处的不同情境中安排这个人的行为 。④

可以说，阳明的“致良知”所揭示的道德与社会文明的密不可分的关系，已愈来愈成为人类的共识。应该说，人类社会发展至 21 世纪，文明程度已有极大的提高。然而，也应看到，社会文明还需继续提升和发展，而文明程度的提升仍然有赖于道德。

20 世纪 70 年代末，中国开始了改革开放，终结了计划经济

---

① ［法］爱弥尔·涂尔干：《道德教育》第二章，陈光金等译，上海：上海人民出版社，2006 年，第 22 页。

② 同上，第 23 页。

③ 同上。

④ 同上，第 23、22 页。

时代，迈进了商品经济快速发展的新阶段。市场经济的发展，使社会财富快速增长、物质生活明显提升，在人们的钱袋子鼓起来的同时，人的物欲也随之膨胀起来。功利与浮躁，激化了人们对“利”的追逐，使社会道德下滑。一些人为了一己私利为非作歹，与禽兽无别，常见于媒体报道的不道德行为如：为争家产、争名利而不顾情义伤害亲朋，市场上的无视规则、恶意竞争的现象，官场上的贪腐，社会上偷、盗、拐、骗等犯罪行为，等等。这一切，正是缘于一些人的良知泯灭而守不住道德底线。商品经济发展，诱发人欲膨胀，是阳明生活时代的社会弊端，也是现代社会的顽疾。鉴于此，可以认定，阳明的“致良知”，可以疗治当今社会顽疾，为当代建设社会文明提供思想武器和精神动力。传承与弘扬“致良知”，让人人学会道德自觉，使自身的道德觉醒，寻回失却的良知，守住道德本性，构建自身的精神家园，使社会文明建设能落到实处。可以说，文明社会只能由有道德的人组合而成！

构建人类命运共同体须有道德基石

“致良知”的社会价值，还在国际舞台上有所展现。人类已生活在同一地球村中，构建人类命运共同体，是历史发展的必然。

在中共十九大报告中，习近平总书记从当今国际形势出发，明确提出“我们生活的世界充满希望，也充满挑战”，“没有哪个国家能够独自应对人类面临的各种挑战，也没有哪个国家能够退回到自我封闭的孤岛”，所以“我们呼吁，各国人民同心协力，构建人类命运共同体，建设持久和平、普遍安全、共同繁荣、开放包容、清洁美丽的世界”。[①]

习近平总书记首先向世界各国发出了构建人类命运共同体的呼吁，并强调在构建人类命运共同体中道德的重要性。在党的十九大报告中，进一步论及道德与构建人类命运共同体的密切关系。他指出当今世界存在种种不和谐，如：

> 世界经济增长动能不足，贫富分化日益严重，地区热点问题此起彼伏，恐怖主义、网络安全、重大传染性疾病、气候变化等非传统安全威胁持续蔓延，人类面临许多共同挑战。[②]

事实正是如此，冷战时代虽已结束，可是世界并不平静，纷争、对峙、战争等依然存在，各种形式的霸权主义与强权政治依然存在。如何使这些现象消除，使居住在同一地球村上的各个民族、各个国家能够和谐共处？可以说，只有通过倡导“仁”，如阳明所说的“拔本塞源”，从根本上铸造道德基石，消除不道德行为，才能实现构建人类命运共同体的美好愿景。

应该看到，要消除不道德行为，必须“致良知”，使人的道德意识觉醒。中国共产党人在道德自觉上，首先做出模范。习近平总书记在党的十九大报告中，向世人做出如此承诺：

> 中国坚定奉行独立自主的和平外交政策，尊重各国人

---

① 习近平：《决胜全面建成小康社会 夺取新时代中国特色社会主义伟大胜利》，《中国共产党第十九次全国代表大会文件汇编》，北京：人民出版社，2017年，第47页。

② 同上。

> 民自主选择发展道路的权利，维护国际公平正义，反对把自己的意志强加于人，反对干涉别国内政，反对以强凌弱。中国决不会以牺牲别国的利益为代价来发展自己，也决不放弃自己的正当权益，任何人不要幻想让中国吞下损害自身利益的苦果。中国奉行防御性的国防政策。中国发展不对任何国家构成威胁。中国无论发展到什么程度，永远不称霸，永远不搞扩张。①

这段高度概括的话语，不仅彰显了中国的外交政策，而且体现了在推进构建人类命运共同体的进程中，中国人有着可贵的道德自觉。构建人类命运共同体，必须从自身的道德自觉做起，换言之便是通过"致良知"，奠定道德基石，把人类命运共同体落到实处。这便是阳明的"致良知"论最大的当代意义！

---

① 习近平：《决胜全面建成小康社会　夺取新时代中国特色社会主义伟大胜利》，《中国共产党第十九次全国代表大会文件汇编》，第47—48页。

第五章　“人皆可以为尧舜”：朴素平等观

倡导“平等”，是阳明心学启蒙性的重要体现。在给弟子讲学时，他明确表示，“格物”是“格不正以归于正”，人人都能做到“格物”，因而“人皆可以为尧舜”[①]，这体现了阳明倡导人人平等。平等，是明代中叶的时代呼声；平等，是阳明心学中的启蒙先声；平等，是人世间最为合理的处世原则。平等，在特定的时代孕育和产生，其可贵的社会意义至今犹存。

一、“良知”与“致良知”，人性与涵养的平等

阳明似乎并没有在其著作中直接使用“平等”二字，其平等观主要体现在他对“良知”与“致良知”的阐述中。他不仅认定人性平等，而且认定人能平等地涵养心性完成“作圣之功”。他没有从理论层面阐述“平等”，可见他的平等观是朴素的。

人皆有“良知”，人性平等

在阳明看来，“良知”是人与生俱来的一种道德本性。他说：

---

① 《王阳明全集》卷三，《语录三・传习录下》，第 120 页。

良知良能，愚夫愚妇与圣人同。[①]

良知之在人心，无间于圣愚，天下古今之所同也。[②]

良知即是道，良知之在人心，不但圣贤，虽常人亦无不如此。[③]

这是说，人人具有相同的“良知”，古往今来，天地间不论是圣贤还是常人，“良知”都一样，没有差异。在阳明看来，人性是平等的。这是一种不折不扣的“平等”观，同西方启蒙运动所主张的“平等”，堪相一致。

人皆能“致良知”，涵养平等

阳明不仅认为，人的“良知”本性是平等的，而且认定人人都能体认自身的“良知”，进行心性涵养。他指出：

自己良知原与圣人一般，若体认得自己良知明白，即圣人气象不在圣人而在我矣。[④]

在王阳明看来，只要体认了自己心中的良知，就是圣人了。这无疑是说，体认良知、涵养心性的权利，对每个人来说，也是平等的。

生活在等级森严时代的阳明，目睹现实中存在的等级差异，也看到圣贤与愚夫愚妇的差异，他认为，这样的差异之所以产生，乃是由于在社会生活中，有的人“致良知”，而有的人没有“致良知”。他说：

---

① 《王阳明全集》卷二，《语录二・传习录中・答顾东桥书》，第 49 页。

② 《王阳明全集》卷二，《语录二・传习录中・答聂文蔚》，第 75 页。

③ 《王阳明全集》卷二，《语录二・传习录中・答陆原静书》，第 69 页。

④ 《王阳明全集》卷二，《语录二・传习录中・答周道通书》，第 59 页。

惟圣人能致其良知，而愚夫愚妇不能致。[①]

良知、良能，愚夫愚妇与圣人同，但惟圣人能致其良知，而愚夫愚妇不能致，此圣、愚之所由分也。[②]

这是说，本来良知、良能人人同样具有，愚夫愚妇与圣人没有差异，只是“致良知”的人成就为“圣人”，而没有“致良知”的人则成了“愚夫愚妇”。圣与愚之所以有别，在于是否进行对良知的体认。因而阳明的结论是：只要能够“致良知”，那么“人皆可以为尧舜”。可以说，“致良知”论，是“人皆可以为尧舜”平等观的理论基础。就这样，阳明不自觉地把商品活动的平等原则升华为关于人与人关系的社会原则，形成了他的朴素平等观。这，蕴含着人的主体精神的觉醒与张扬的平等性。阳明大胆揭示社会平等性的存在，凸显他的学说的创新性与时代性。

二、平等，时代的呼声

思想学说是特定的社会历史条件的产物。阳明的“平等”观，是明代商品经济发展的产物。明代的社会改革，催化了商品经济的发展，商品交换中，商品持有者彼此是平等的，商品交换必须遵循等价交换原则，经济领域这些“平等”，必然催生出特有的思想观念和价值取向。阳明的“平等”观，体现了商品交换中平等的关系与原则，体现了社会对平等的诉求。换言之，阳明把

---

① 《王阳明全集》卷二，《语录二·传习录中·答顾东桥书》，第 49 页。

② 同上。

商品经济所产生的商品意识升华为富有启蒙性的心学，昭示人性平等、人性解放，高扬了主体精神，尤其强调人间社会的平等性。

从现代社会学的角度审视，平等是人们在社会中的关系，具体表现为人们在社会生活中处于相等的地位、具有相同的发展机会、享有相同的权利。平等应包括三个方面：人格平等，人人具有相同的价值与尊严；机会平等，人人在经济、政治领域均有同等的参与机会；权利平等，在法律面前人人享有同等的权利。

平等，曾经是西方资产阶级向等级森严的封建社会，以及神权至上的社会进行冲击的有力武器。18 世纪西方启蒙运动的思想先驱卢梭（1712—1778），便高举平等的大旗，在其《社会契约论》中，明确提出：

> 每个人都生而自由、平等。①

卢梭认定，自由与平等是天赋的人性，是生而有之的，也是人应有的、合法的社会权利。启蒙运动是为人争取平等、争取“人的解放”的社会运动。可是，启蒙运动之后的工业化，虽带来了社会物质的丰富，却使“平等”二字成了空谈。至 19、20 世纪，由于社会出现贫富悬殊现象，西方许多学者重新呼吁“平等”，尤其强调“分配的平等”“机会的平等”。对西方社会进行过考察的孙中山，目睹西方社会“富者日富，贫者日贫”的现状，尖锐

---

① ［法］卢梭：《论原始社会》，《社会契约论》第一卷第二章，北京：商务印书馆，2003，修订版，第 5—6 页。

地指出，由于土地与资本被少数人垄断，出现了有的人“富与国家相等”，“贫富不均竟到这地步，‘平等’二字已成口头空话了”。[1]

平等是社会的产物，是特定的社会经济关系和社会利益关系，而不是抽象的概念。阳明的“平等”观，产生在明代中叶特定的经济社会，他不自觉地把平等升华为人的自然本性，而呼唤人性平等，这无疑具有现代意义的超前性，十分可贵！然而，在阳明生活的年代，现实社会没有为他提供使人人得到平等的条件，他的“平等”观，只能作为一种思想观念存在于他的学说之中；他也未能像卢梭那样，向社会大声呼吁“平等”，更没有直接追求平等的行动，鉴于此种种，阳明的“平等”只能被视为一种朴素的思想。

三、平等，构建和谐社会的基石

尽管阳明的“平等”观是朴素的，但它蕴含着真理性。平等，是人们的权利；平等，是人类社会处理原则。阳明生活在等级社会里，却有着平等的理念，体现了时代的呼声，实是难能可贵，这种平等观在当今仍富于时代意义。

平等，构建和谐社会的基石

回顾人类社会发展进程，人们会发现：在生产资料为少数

---

① 《孙中山全集》第一卷，《在东京〈明报〉创刊周年庆祝大会的演讲》，北京：中华书局，1981 年，第 328 页。

人所占有的历史阶段里，大多数人为了生存，不得不为他人出卖劳力，于是“平等权利”不可能为社会的每个人所享有。可以说，在漫长的历史阶段里，人们总渴望平等，而等级森严的不平等社会，则往往成为现实。处于不平等地位的人们，为获得平等的权利而不得不奋起抗争，社会因此而处于纷争的“无序”状态。显然，没有平等，社会不会“有序”，不可能和谐。正是在这一意义上，可以说，平等是和谐社会的基石。

绝对的平等是不存在的，但只有把“平等”原则作为人们处事的准则，才可能构建起和谐幸福的家庭，以及长治久安的社会。在当今，重温阳明的“平等”观，可从中得到启迪。

平等，共同体的处事原则

从宏观上看，阳明的“平等”观，可以为构建人类命运共同体提供“平等”的处事原则。因为人类命运共同体必须是包容的、和平的、共赢的，需要坚持平等原则。可以说，只有人与人之间平等、民族与民族之间平等、国与国之间平等，才可能形成和维系“人类命运共同体”。

构建人类命运共同体的进程中，坚持“平等”原则很是关键。习近平总书记在十九大报告中如是说：

> 我们呼吁，各国人民同心协力，构建人类命运共同体，建设持久和平、普遍安全、共同繁荣、开放包容、清洁美丽的世界。①

① 习近平：《决胜全面建成小康社会 夺取新时代中国特色社会主义伟大胜利》，《中国共产党第十九次全国代表大会文件汇编》，第47页。

在这讲话里，蕴含了人类命运共同体的基本内涵，其中就包括平等原则。习近平总书记又强调：

> 要相互尊重，平等协商，坚决摒弃冷战思维和强权政治，走对话而不对抗、结伴而不结盟的国与国交往新路。①

这一“平等”将具体运用于国与国之间相互交往与合作的各个方面：

政治上“要坚持以对话解决争端、以协商化解分歧，统筹应对传统和非传统安全威胁，反对一切形式的恐怖主义”；

经济上“要同舟共济，促进贸易和投资自由化便利化，推动济全球化朝着更加开放、包容、普惠、平衡、共赢的方向发展”；

文化上“要尊重世界文明多样性，以文明交流超越文明隔阂、文明互鉴超越文明冲突、文明共存超越文明优越”；

环境上“要坚持环境友好，合作应对气候变化，保护好人类赖以生存的地球家园”。②

习近平总书记十分强调：

> 中国秉持共商共建共享的全球治理观，倡导国际关系民主化，坚持国家不分大小、强弱、贫富一律平等。③

习近平总书记的这些讲话，已经明确指出平等原则在构建人类命运共同体中的重要性。应该说，以“平等”为处事原则，才可能

---

① 习近平：《决胜全面建成小康社会 夺取新时代中国特色社会主义伟大胜利》，《中国共产党第十九次全国代表大会文件汇编》，第47页。

② 同上。

③ 同上，第48页。

通过“共商共建共享”的治理，从而建立民主化的国际关系。只有坚持“平等”的原则，才可能在地球上构建起国与国之间能共商、共建和共享的，平等的人类美好家园。

第六章 “仁者以天地万物为一体”：命运共同的整体论

如前所说，阳明心学以反对“支离”为宗旨，“一体”论便是从本体论的高度为其学说提供理论支撑。近年来学界对阳明的“心即理”“知行合一”和“致良知”等命题多有探究，称得上其学说一大亮点的“一体”论，值得更充分的关注和深入探讨。

一、“一体”论，揭示宇宙为一体、天下犹一家

阳明心学的“一体”论，既探究人之内外的一体性，亦探究天地万物的一体性。其“一体”论，主要体现在两个命题之中：一是“心即理”，一是“天地万物一体”。

“心即理”，揭示内外一体

“心即理”论，是阳明心学的理论基点，是其本体论的集中体现。阳明明确提出，“心”是宇宙的本体，宇宙间的一切，无不由“理”而生，也无不由心而生。他说：“心即理也。此心无私欲之蔽，即是天理。”[①]阳明把没有私欲之“心”，等同于宇宙本体的

---

① 《王阳明全集》卷一，《语录一・传习录上》，第2页。

"理"。他明确指出,"心即天,言心则天地万物皆举之矣,而又亲切简易"[①]。他认定,心是宇宙本体,"心"具有衍生、统摄与主宰的功能。

显然,阳明"心即理"论把人们内在的"心",与宇宙间万物所蕴含的"天理"完全等同,与宇宙间的万事万物完全等同。"心"与"理"、与"万物"之间,没有间隔、没有差异,完全混为一体。

在阳明看来,宇宙间的一切,不论是外在的事与物,还是内在的意或知,无非都是心之外发,"理""义""善"等,虽名称相异,但实质无非"吾心"罢了:宇宙间的一切,皆由心所衍发、所囊括、所主控;形形色色的事与物,不过是名称的不同而已。

阳明认定,心就是理,理就是心,于是,宇宙的本体便带有主体性与道德伦理性。这便是阳明心学的道德本体特色,也是其"一体"论在本体论中的体现。在本体论的层面上看,阳明的"心即理"论,主张由"心"而生"物",颠倒了"心"与"物"的先后位置,否定了物质世界独立于人的意识之外的观点,并不可取;但是在承认主体与客体的同一性,即宇宙的整体性的层面上,其理论则具有一定的真理性,应予以肯定。事物是复杂的,阳明心学亦是复杂的,研究者不应因批评"心即理"的理论偏颇,而否定其中的真理性。

"万物一体",揭示宇宙一体

阳明的"一体"论,不仅揭示内外一体,还揭示宇宙一体。

北宋程颢的"仁者与天地万物一体"论,影响了明代心学家,

---

① 《王阳明全集》卷六,《文录三·书三·答季明德》,第 214 页。

甘泉与阳明皆发挥“一体之义”，去创立“合一之论”，以之反对宋代理学的“支离”观。阳明继承与弘扬了程颢的“与天地万物一体”思想，他紧扣家、国、天下的整体性而展开论述。他说：

> 大人者，以天地万物为一体者也，其视天下犹一家，中国犹一人焉。①

在阳明看来，人与天地万物一体，故统治者应具有“与天地万物一体”的观念，把“天下”看作“一家”，把“中国”看作“一人”。阳明又明确提出：

> 盖天地万物与人原是一体，其发窍之最精处，是人心一点灵明。风、雨、露、雷、日、月、星、辰、禽、兽、草、木、山、川、土、石，与人原只一体。②

阳明所说的“一”，是“一体”，指“整体”“统一体”的意思。这是说宇宙间的一切，是由人的灵明勾连的一个不可相分的统一体。

阳明认为宇宙是一个整体，主要从三个方面论证。

其一，以“五谷禽兽之类，皆可以养人；药石之类，皆可以疗疾”来说明，人与天地万物原只是“一体”，“故能相通”。③

阳明认为，因为宇宙中的动植物“可以养人”，人从其中得到营养，可见彼此之间“相通”而能互补，故宇宙具有一体性。

其二，以人借助于万事万物使自身机能得以发挥为例，说明

---

① 《王阳明全集》卷二十六，《续编一 · 大学问》，第 968 页。
② 《王阳明全集》卷三，《语录三 · 传习录下》，第 107 页。
③ 同上。

人离不开宇宙间的一切，人与天地万物确实是一体。

阳明说，“目无体，以万物之色为体；耳无体，以万物之声为体；鼻无体，以万物之臭为体；口无体，以万物之味为体；心无体，以天地万物感应之是非为体”①。他的推理是：因为人的五官的功能，皆与万物密不可分，故足见彼此原为一体。

其三，以人的五官、肢体不可分来比喻宇宙的一体性。

阳明说，物我之间犹如“一人之身，目视、耳听、手持、足行，以济一身之用”②。在阳明看来，人与人不可相分，人与物不可相分，就像人的身体是一个整体，四肢五官虽有分工，但分工并非分离，故天地万物为一体。

二、“一体之仁”，启示维系一体乃须道德

阳明的“一体”论，还蕴含了“一体之仁”说，为“一体”设定前提，揭示一体必须有“仁”，即由道德来维系。他的“仁者以天地万物为一体”论，是说有仁心的人，才可能有天地万物一体的思想，这揭示了“仁”与确立“一体”观的密切关系，强调“一体”的构建，必须有道德的观照。阳明明确提出：

> 大人之能以天地万物为一体也，非意之也，其心之仁本

---

① 《王阳明全集》卷三，《语录三·传习录下》，第108页。

② 《王阳明全集》卷二，《语录二·传习录中·答顾东桥书》，第55页。

若是，其与天地万物而为一也。[①]

阳明认为，人因为有仁心，故能与天地万物一体。他认定，这“仁”心人人皆有，故人人皆能以天地万物为一体。

阳明又认为，天地万物，只要有知觉、有生意，便都有仁心。他说：

岂惟大人，虽小人之心亦莫不然，彼顾自小之耳。是故见孺子之入井，而必有怵惕恻隐之心焉，是其仁之与孺子而为一体也；孺子犹同类者也，见鸟兽之哀鸣觳觫，而必有不忍之心焉，是其仁之与鸟兽而为一体也；鸟兽犹有知觉者也，见草木之摧折而必有悯恤之心焉，是其仁之与草木而为一体也；草木犹有生意者也，见瓦石之毁坏而必有顾惜之心焉，是其仁之与瓦石而为一体也：是其一体之仁也，虽小人之心亦必有之。[②]

阳明把“仁”作为一切生物所必有的本性，因为有“仁”的维系，彼此才能同在一起。

尽管，阳明认为“一体之仁”乃是一种“根于天命之性”[③]，是人的本性，但他更强调“仁心”虽人人先天所具有，但并非人人都能保住。在他看来，是否能保住这“一体之仁”，主要决定于是否“动于欲”“蔽于私”[④]。他指出：

---

① 《王阳明全集》卷二十六，《续编一·大学问》，第968页。
② 同上。
③ 同上。
④ 同上。

苟无私欲之蔽，则虽小人之心，而其一体之仁犹大人也；一有私欲之蔽，则虽大人之心，而其分隔隘陋犹小人矣。①

阳明认定，只要没有“私欲之蔽”，任何人都可以拥有“一体之仁”；如有“私欲之蔽”，“一体之仁”则不可保。可见阳明的推理是：

“一体之仁”→“无私欲之蔽”→则“能以天地万物为一体”

“一体之仁”→“有私欲之蔽”→则“分隔隘陋”而不可为一体

可以说，阳明“一体之仁”的命题，揭示了确立“一体”观的关键，在于保住人的道德本性——“仁”。

“仁”是什么？在阳明学说里，“仁”即善性，即良知，即灵明。他提出“一体之仁”，便是要以“良知”来维系“一体”。

盖天地万物与人原是一体，其发窍之最精处，是人心一点灵明。②

显然，阳明是说天地万物都是人的“灵明”，即人的良知乃是由仁所衍生，天地万物因此与人相通，彼此能成为一体。在阳明看来，天地的存在，万物的生长，人能感知到一切，都因良知的“妙用”而“发生”，故他明白地说：

---

① 《王阳明全集》卷二十六，《续编一·大学问》，第968页。
② 《王阳明全集》卷三，《语录三·传习录下》，第107页。

天地既开，庶物露生，人亦耳目有睹闻，众窍俱辟，此即良知妙用发生时。可见人心与天地一体，故上下与天地同流。①

在阳明看来，“良知”即灵明，即“仁”，它不仅在人，也在天地万物，它成为人与天地万物之间相通、相连的纽带，使彼此能结为一体。显然，阳明是说世界具有统一性，世界的统一在于“仁”，即“良知”，即道德精神。这“仁”“良知”，即道德精神，便是世界统一性的基础，因而离开了“仁”，即不存在“天地一体”。

三、“万物一体”与“一体之仁”论的形而上意义

阳明的“万物一体”与“一体之仁”论，提出人与宇宙的万事万物之间具有一体性。这一说法，强调了宇宙间的一切相互依倚、密切相关，蕴含了世界具有统一性的理论取向。应该说，阳明的一体观，是古代中国比较全面阐述世界统一性的理论，其形而上的理论价值应得到充分肯定。

世界的统一性，这是所有哲学必须关注的重要命题，古今中外概莫能外。面对世界的多样性，哲学家必须回答：多样的世界是否存在共同的基础，是否具有统一性。关于世界的统一性问题，有各种不同的答案，概而论之则有：

否定世界统一性的传统看法，如基督教认为世界分为世俗世

① 《王阳明全集》卷三，《语录三・传习录下》，第106页。

界与天国，佛教认为世界存在人间、天堂与地狱；在西方，如笛卡尔和康德的学说认为世界分为各自独立的物质世界与精神世界；中国古代的精气说则认为，宇宙二分为精气与形体，各自独立。

认为世界存在统一性的哲学流派，在中国古代如庄子的“天地与我并生，万物与我为一”；荀子与张载的气论，认定宇宙统一于“气”，是气的运动变化，产生天地万物。

马克思主义哲学认为，世界是多样的，又是统一的，世界上的一切事物，都是相互联系的统一整体；世界统一的基础，便是物质。也就是说，千姿百态的世界，有共同的物质基础，世界是统一的不可支离的整体。

可见，古往今来，哲学家们无不把探究世界是否统一，作为其构建学说的重要内容，阳明也不例外。阳明的“一体”论，是对中国传统“一体”论的继承与弘扬，也是对宋学“支离”观的检讨与批评；是马克思主义传进中国之前，最有高度、最为深刻的宇宙整体观理论。

阳明生活的时代，程朱理学处于“独尊”地位。迄至明中叶，白沙拉开明代心学序幕，出现“有明之学渐入精微”的趋势，然而程朱理学仍然是统治哲学。阳明年轻时，也曾崇拜朱子，践行朱子学说，但后来提出“一体”论，则与白沙、甘泉一样，都以检讨和清算朱熹的“支离”论为宗旨。

朱熹宇宙论的基本模式是“理生气，气生万物”。他说：“未有天地之先，毕竟也只是理”，“有是理后生是气”[①]，这是一个以

---

① 《朱子语类·理气上·太极天地上》。

“理”为宇宙本源的模式。朱熹认为世界由理衍生，世界统一于“理”，也算是承认世界具有统一性的说法，但又认定，理先而气后，理与气、理与心是二分的，故明代的心学家们批评朱学是“支离”之学。阳明尖锐地指出朱熹“析心与理为二”，背离了孔孟之学，并提出他的主张：

> 物理即吾心。①

阳明的“心即理、理即心”理论，明确认定理不在心之外，而在心中，心与理二者完全合一，不可支离，在理、气、心、物等之间画上了等号，鲜明地否定了朱熹那个先于气、外于心、在物之外的“理”，强调理与心合一、内与外合一、天地万物一体。他认为如果把理看作在人之外，就是支离了理与人，他坚定地维护儒家的天地一体、天人合一的理论传统。

可以说，阳明的“一体”论，在宇宙本体的高度上论证了世界的统一性，具有颇高的理论价值。不过，在实证科学尚未产生的年代所创立的阳明“一体”论，难免带有一些偏颇，主要有：

一、阳明由“心即理”论而推演的“天地一体”，是以“心”，即道德、主体意识，作为宇宙统一的基础，是一种“我思故我在”的思维模式，否定了独立于人的意识之外的物质世界的客观存在；

二、阳明的“天地一体”的理论前提是，天地万物贯穿着人的“良知”，故天地万物都相通、相连、相等，人的主体意识、道德

---

① 《王阳明全集》卷三，《文录四·序记说·象山文集序》，第245页。

精神与外界事物之间的差异被消解了，事物的质的区别不再存在。

有学者针对阳明的理论偏颇，指出阳明"他解物为事，把意识之外的一切存在都说成是物，都是由于一念发动"，"从根本上否定了客观事物是离开意识而独立存在的"，"这说明主观精神具有很大的能动性"，"他夸大了意识同物质的统一性这一面"，"这就从根本上取消了主观同客观的对立，把客观世界完全融化于主观精神之中"，"把朱熹的理一元论变成了心一元论"。[①] 这是一个精辟的评述，指出了阳明在批评朱熹之时，从一个极端走到了另一个极端。当然，在指出阳明"一体"论的理论偏颇时，不要也不该对他的学说采取苛求或全盘否定的态度。

四、"天地一体"与"一体之仁"论的社会价值

阳明的"一体"论，既是对程颢思想的继承，也是他对当时社会现实的深刻考察之后获得的理论升华，具有可贵的理论意义与社会价值。

在当时，"一体"论倡导以"仁心"疗治社会之疾

如前所说，在阳明生活的明代中叶，商品经济的发展带来了物欲的膨胀，是一个被阳明视为"功利之毒沦浃于人之心髓，而

① 蒙培元：《理学的演变——从朱熹到王夫之戴震》，第 222 页。

习以成性”[①]的时代。他目睹人们被“私欲”所蔽的种种怪现象，面对残酷的社会现实，希冀通过“拔本塞源”使人们的仁心得以恢复，使人们能“消除私欲之蔽”，日后“能以天地万物为一体”。

以仁心去疗治社会疾病，以维系社会、国家的一体性，这是阳明重要的治国理念，他一直认真地践履这一理念。这突出地体现在他每到一个地方平乱之后，都希冀通过地方建设，进行教化，改变民风民俗，培育人的仁心，以维护社会的“一体”。

阳明不仅从理论上阐述了“仁”，即人的道德本性，对树立“以天地万物一体”观念的重要性，并针对现实存在的弊端，强调须“拔本塞源”，堵塞功利思想的源头，从根本上恢复人的仁心，使人人具有“与天地万物一体”的理念。这是阳明“万物一体”论与“一体之仁”论，在他那个时代的社会价值。

在当今，“一体”论对家、国建设仍有重要意义

阳明的“一体”论，在当时是疗治社会顽疾的良方，其疗效历数百年之久仍未减退，时至当今对家、国、天下的治理与维系，仍有着不可低估的意义。

当今社会，同样由于商品经济发展而催生“私欲”，而使一些人守不住道德底线，社会乱象丛生，尚存在阳明当年所说“斗争夺取，不胜其祸，斯人沦为禽兽夷狄”的现象：如食品安全问题，假冒伪劣问题，诈骗、吸毒等危害社会安全的违法犯罪行为，争家产、不赡养老人、抛弃儿女、夫妻相争相害等伦理道德问题或违法犯罪行为。当年湛若水在《湛氏家训》第一章便以“明一体”

---

① 《王阳明全集》卷二，《语录二·传习录中·答顾东桥书》，第56页。

为标题，这恰恰是阳明以“一体”论去救赎那不堪的社会相一致。在当今，确实需要全社会树立“一体”观，使人人都明白，家是一个不可支离的整体，人人都有维系家的一体性的责任；社会也是一个不可支离的整体，人人都有维系社会的整体协调和谐的义务；当今中国，为维护国家主权完整统一，应教育公民树立“一体”观，使人人都懂得，国也是一个不可分裂的整体，每个公民都有捍卫国家独立完整的职责。

在当今，“一体”论可以为构建人类命运共同体提供理论支撑

阳明的“一体”论，可为构建人类命运共同体提供基础理论支撑，这是最为重大的社会价值。

马克思主义哲学的整体观认为，世界是整体的，任何事物都具有整体性，人类本身是一个不可支离的整体。因而，维系人类的整体性、构建命运共同体，是历史发展的必然。

构建人类命运共同体，不仅有马克思主义理论作为依据，而且有中国传统文化的理论支撑。在中华文化中，也不乏与马克思主义哲学堪相一致的整体观，如“四海之内皆兄弟”“天下一家”“天人合一”“天下大同”等，尤其是阳明心学的“天地万物为一体”论，便是一种视宇宙为整体的理论，在某种意义上，它已经蕴含“命运共同体”的思想因子，可以作为构建人类命运共同体的理论支撑。

阳明的“一体”论，无疑可以启迪今人：生存在同一地球上的人类，人与人之间、国与国之间，尽管存在着差异，但不存在“人己之分”和“物我之间”，彼此通过“对话”“合作”“包容”“协调”“同心协力”“同舟共济”，可以形成“你中有我、我中有你”的统一体，构建起人类命运共同体。也就是说，树立起阳明所倡导的“一体”观，可以让世界上不同信仰、不同制度、不同意识形态的国家和民族形成一个基本共识，使彼此可以和平共处、利益交融、有序竞争。

“一体之仁”论，启示铸造道德基石之关键意义

阳明的“一体之仁”论，把道德提到宇宙的本体高度，把道德觉醒、铸造道德基石作为维系家、国、天下一体性的关键。曾受到阳明心学影响的孙中山，也继承了这样的观念，他概括地说：“有道德始有国家，有道德始成世界。”[①]孙中山同样深刻地认识到，有了道德，国家才成为国家；有了道德，世界才成为世界。道德是维系国家一体性、维系世界一体性的重要基石。孙中山曾演绎儒家的“大道之行也，天下为公”，提出世界大同的愿景，并同阳明一样，高度重视道德对维系家、国、天下统一性的关键性意义。在《三民主义·民族主义》演讲中，他说：“用固有的道德和平做基础，去统一世界，成一个大同之治。”[②]可以说，家、国、天下的构建与维系，都不能没有道德作为基础。

在推进构建人类命运共同体进程中，中国人有着可贵的道德自觉。这将为世界人民铸造道德基石作出榜样，也体现了当代中国人传承与弘扬阳明的“天地万物一体”的优秀思想，彰显出阳明“一体”论的当代价值。

---

① 转引自刘望龄辑注：《孙中山题词遗墨汇编》，第131页。

② 《孙中山全集》第九卷，《三民主义·民族主义》，第253页。

第七章　阳明心学与陈湛心学

陈湛心学是阳明心学的直接源头，两个流派之间有着密切的关系。阳明心学，既受到陈湛心学的直接影响，又接受陆九渊心学的“心即理”思想而集大成。探究阳明心学与陈湛心学的关系，可窥见阳明兼容与开放的文化精神。

一、阳明心学，明代心学之一流派

阳明与湛甘泉交往时，接受了陈湛心学的影响。阳明与甘泉相识之时，二人家境、资历迥异，学术成就亦不可同日而语。阳明比甘泉小 6 岁，虽已进入官场 7 年，但学术上尚处于“迷惘”期，而甘泉已提出“随处体认天理”的命题，有了自己的学术主张。阳明曾在《别湛甘泉序》文中称“幼不问学，陷溺于邪僻者二十年”，“晚得友于甘泉湛子，而后吾之志益坚，毅然若不可遏，则予之资于甘泉多矣”。[①] 学界普遍认为，正是由于有甘泉作为中介，阳明能接触到白沙学说，并从中得到心学的启迪，较快结束了学术“迷惘期”。

现存的史料显示，明代心学由白沙拉开帷幕，由甘泉和

---

① 《王阳明全集》卷七，《文录四 · 序记说 · 别湛甘泉序》，第 231 页。

阳明完善和发展，从而形成明代心学发展的三个环节：白沙心学—甘泉心学—阳明心学；以及两大流派：陈湛心学与阳明心学，前者为“心外有物”之心学，后者为“心外无物”之心学。

白沙心学

白沙心学，糅合宋代理学诸家，融儒、释、道于一炉，是富于开放创新特色、又岭南化的儒家学说流派。

陈白沙(1428—1500)，名献章，明代著名的思想家、教育家和诗人，因居住于江门白沙村而有“白沙先生”之称。三次会试落第，却因一首《和杨龟山此日不再得韵》而“名震京师”，有“真儒复出”之美誉①。白沙曾师从理学家吴与弼(1391—1469)，却因“未知入处”而退学返乡。抵家后，闭门读书，筑春阳台，静坐十年，发明“静养端倪”的“自得之学”，完成“作圣之功”。白沙心学的创立，打破了明初以来学界“不敢改错”的寂静局面，终结了朱熹理学的独尊地位，使明代学术“始入精微”，使中国人文精神由压抑人性转向人性觉醒，由思想禁锢转向思想解放，由等级之别转向倡导平等。

白沙心学，“独开门户”，不依循陆九渊心学的理路而另辟蹊径。它全面揭示心学的基本内涵：

心学之旨趣——“自得”而“作圣”；

心学之法门——“静养端倪”；

心学之境界——“宗自然”；

---

① 张诩：《白沙先生行状》，《陈献章集·附录二·年谱及传记资料》，第869页。

心学之本色——“心开万世”。

在本体论上，白沙没有提出“以心为本”，而为心的功能发挥设定了前提条件，认定心首先要“得理”“会此”[①]，而心与道“凑泊吻合”之后，完成“作圣之功”。于是，本体之心呈现，心可居于万物之上，“无物不覆”，“霸柄在手”[②]，主体精神高扬；于是，“君子一心，万理完具。事物虽多，莫非在我”[③]，不仅“君子一心足以开万世”[④]，而且能实现“天地我立，万化我出，而宇宙在我”[⑤]，人可主控世界，开创历史。白沙学说不以“心”为宇宙本体，却具有心学内涵。

白沙心学的理论创新，主要体现在：

宇宙本体论——“道与气为体”论，是有别于宋代理学各家的、新型的本体论；

道物关系论——“道通于物”论，否定了朱熹高悬的“理”，以及“理先气后”“气生万物”的理论构架，拓展了儒学的理论思辨空间。

主客关系论——“会道”而“宇宙在我”论，强调把握“道”，是“宇宙在我”的前提条件；认定唤醒道德自觉，高扬人的主体精神必须遵循外在的规律。合理地阐述了主体与客体的辩证关系，凸显了明代心学与宋代理学在理论上的不同。

---

① 《陈献章集》卷二，《书一 · 与林郡博》，第 217 页。
② 《陈献章集》卷四，《四言诗 · 示黄昊》，第 278 页。
③ 《陈献章集》卷一，《论 · 论前辈言铢视轩冕尘视金玉》，第 55 页。
④ 《陈献章集》卷一，《论 · 无后论》，第 57 页。
⑤ 《陈献章集》卷二，《论 · 与林郡博》，第 217 页。

甘泉心学

湛甘泉(1466—1560),名若水,明代著名思想家、教育家,陈白沙的衣钵传人。29 岁师从白沙,33 岁提出“随处体认天理”,得到老师赞赏。甘泉一生,从政 35 年,仕途畅顺,历任南京礼部、吏部、兵部尚书,官至二品。他恪守师道,完善和发展了白沙心学。甘泉终生注重教育,创办书院 40 多所,招收弟子近 4 000 人,通过办学传播与弘扬先师学说。在京师为官时,甘泉结识阳明,二人“一见定交”,立志“共兴圣学”。

甘泉对白沙心学的完善和发展,主要体现在如下方面。

首先,以“随处体认”论,完善和发展白沙的“静养端倪”涵养论。

甘泉提出,“所谓随处体认天理者,随未发已发,随动随静”①,即涵养不受时间与空间、动或静的限制,把涵养方法表述得更为完整与准确。或许白沙意识到甘泉提出“随处体认天理”,是真正领悟了他的心学真谛,故赞曰:“日用间随处体认天理,着此一鞭,何患不到古人佳处也”②,并认定继承衣钵者非他莫属。

其次,以“体用一原”一体观完善白沙的“虚实参半”本体论,更凸显“心”与“物”、“内”与“外”、“虚”与“实”相互统一的整体观。

甘泉从“一原”“合一”的理论基点出发,创立“理气合一”“理心合一”“理欲合一”“知行并进”“道心事合一”等系统的合一论,

---

① 《泉翁大全集》卷八,《书·孟生津》,第 264 页。

② 《陈献章集》卷二,《书一·与湛民泽》,第 193 页。

强调世间事“通一无二”，不可“支离”，更彰显了纠正宋明以来忽略事物统一性的理论立场。

再次，以“万事万物无非心”发展白沙的“一心开万世”，更彰显心学色彩。

甘泉以精微的理论，构建更精密的心学体系。当然，甘泉在强调“心”的同时，还坚持先师“道与气为体”、“宗自然”、心外有物的理论立场，认定“舍气，何处寻得道来”①，承认在心之外，存在“鸢飞鱼跃”“化化生生”的大自然。他在维系白沙心学的基本理论取向的同时，强化心学本色，形成不折不扣的心学流派。

甘泉与阳明，在当时齐名，都是学界“大咖”；甘泉心学与阳明心学，称得上是明代文化星空中的双子星。

二、阳明心学与白沙心学之异同

阳明心学与白沙心学，同为心学，有着相同的学术旨趣，但是，二学的理论路向及概念、范畴、命题，也存在差异。

二学之同

阳明与白沙，都在人生低谷之时以静坐的方式，完成了“作圣之功”，二人创立学说的经历十分相似。如前所说，阳明被贬贵州，从政治文化中心到边远山区，从中央官员到地方驿站小吏，落差实在太大，心理负担颇重。贬官期间，阳明面对“万山丛

---

① 《泉翁大全集》卷六十七，《新泉问辩录》，第1649页。

棘”“蛇虺魍魉”“蛊毒瘴疠”“鴂舌难语”[①]，只好“日夜端居澄默，以求静一”[②]，思考“圣人处此，更有何道”。久而久之，“忽中夜大悟格物致知之旨，寤寐中若有人语之者，不觉呼跃，从者皆惊。始知圣人之道，吾性自足，向之求理于事物者误也。乃以默记《五经》之言证之，莫不吻合”[③]，后人称之为“龙场悟道”，阳明由是开始创立心学。

学界普遍认为，阳明的“龙场悟道”与白沙的“静养端倪”有相似之处。白沙曾从学江西理学家吴与弼，读了许多书，但“未知入处”，找不到“作圣”的门径，于是返回家乡，闭门静坐，“坐春阳台”十年，创立“自得之学”。他回顾这段经历，这样写道：“舍彼之烦，求吾之约，惟在静坐，久之，然后见吾此心之体隐然呈露，常若有物。日用间种种应酬，随吾所欲，如马之御衔勒也。体认物理，稽诸圣训，各有头绪来历，如水之有源委也。于是涣然自信曰：‘作圣之功，其在兹乎！’”[④]这一经历在背景与涵养的操练方法上，同阳明的“龙场悟道”都十分相似。

比较阳明与白沙的经历，可窥见“龙场悟道”与“静养端倪”是一样的路数：同处于困惑状况下，为求精神解脱而进行探求；同是以“做圣贤”为宗旨；同是以“静坐”为入门；同是以体悟本心为途径，即“求诸心”，“吾性自足”；同是以《五经》圣训来验证体悟所得。

---

① 《王阳明全集》卷三十三卷，《附录一·年谱一》，第1228页。
② 同上。
③ 同上。
④ 《陈献章集》卷二，《书一·复赵提学佥宪》，第145页。

白沙心学与阳明心学，同为心学，二者在学理上的相同，是主导方面。二者之同，有如下五个方面。

一是，二学同以“静坐”为涵养的门户。

阳明“居夷三载，处困养静，精一之功固已超入圣域，粹然大中至正之归矣”①。他在“养静”中悟出了“道”，“静”使他进入通向“圣域”之门，而渐进圣界。尽管，他后来发明“致良知”说，却没有否定静坐，说“‘静坐’是致良知的工夫，是在心灵纯净的状态中体悟本体”②，仍以“静”为涵养的入门，强调对初学者尤为重要。白沙的“静养端倪”，以“静坐”为涵养的入门。他主张“为学须从静坐中养出个端倪来”③，认定静坐才能开始进入“求诸心”，即由“所谓虚明静一者为之主”，然后“取古人紧要文字读之，庶能有所契合”④。又说“坐来白日心能静，看到浮云世亦轻”⑤，“从静中坐养出个端倪来，方有商量处”⑥。

二是，二学同以“无欲”为涵养的枢纽。

“存理去欲”，是宋明理学的核心理念，阳明与白沙都从这一理念出发，认为进入“静”而后能“无欲”，两者都把“无欲”作为“作圣之功”的关键。阳明认为，“心即理也。此心无私欲之蔽，即是天理”⑦。天理与私欲，势不两立，无欲才可能体悟到天理，

---

① 《王阳明全集》卷一，《语录一・传习录上》，第 1 页。
② 刘宗贤：《陆王心学研究》，第 338 页。
③ 《陈献章集》卷二，《书一・与贺克恭黄门》，第 133 页。
④ 《陈献章集》卷一，《题跋・书自题大塘书屋诗后》，第 68 页。
⑤ 《陈献章集》卷五，《七言律诗・游心楼，为丁县尹作》，第 414 页。
⑥ 《陈献章集》卷二，《书一・与贺克恭黄门》，第 133 页。
⑦ 《王阳明全集》卷一，《语录一・传习录上》，第 2 页。

故认定对私欲“即与克去，斩钉截铁，不可姑容，与它方便，不可窝藏，不可放它出路”，而要把它“扫除廓清”，“将好色、好货、好名等私逐一追究，搜寻出来，定要拔去病根，永不复起”①，才可能完成作圣之功。故说：“必欲此心纯乎天理，而无一毫人欲之私，此作圣之功也。”②白沙同样视“无欲”为“会道”的关键，他说，“无欲则静虚而动直，然后圣可学而至矣”③。因为进入静坐之后，排除了外界的种种干扰，没有了私心与杂念，也就达到了“无欲”的境界，这就是儒家所创导的“一”的圣人境界。白沙说：“孔子教人文、行、忠、信，后之学孔氏者则曰：‘一为要。’一者，无欲也。”④他认定，“无欲”便是消除人的非分欲求，使心不为外物所“着”、所“累”、所“障”、所“碍”，故说“断除嗜欲想，永撤天机障。身居万物中，心在万物上”⑤。

三是，二学同样主张“反求诸心”，以向内“悟道”为涵养路径。

阳明心学与白沙心学，同样以内求、悟道为涵养与认知的路径。阳明的“龙场悟道”，是在静坐中得以“大悟格物致知之旨”，“始知圣人之道，吾性自足”，即向内体悟心的本性，便是“做圣贤”的工夫。十数年后，阳明发明“致良知”说，对“静处体悟”论有所发展，但其途径还是修己在心，学不外求。他说，“良知者，

---

① 《王阳明全集》卷一，《语录一·传习录上》，第16页。
② 《王阳明全集》卷二，《语录二·传习录中·答陆原静书》，第66页。
③ 《陈献章集》卷二，《书一·复赵提学佥宪》，第147页。
④ 同上。
⑤ 《陈献章集》卷五，《五言绝句·随笔其四》，第517页。

心之本体”[①];“夫心之本体,即天理也,天理之昭明灵觉,所谓良知也”[②]。“致良知”便是发现自身的本体之心的过程,即认知天理的过程、自我涵养的过程。故又说,“吾心之良知,即所谓天理也。致吾心良知之天理于事事物物,则事事物物皆得其理矣”[③]。白沙心学“求诸心”的方法,同样是认定认知与涵养无须外求,而只要向内反求于本心,便可“得道”“会理”而达到圣人境界。他说,“人心本来体段皆一般,只要养之以静,便自开大”[④]。人人都有可以与“道”相“凑泊吻合”的本体之心,只要通过“静坐”即可向内体认。白沙的路径是反求于心,从静坐中养出本体之心,求得与“道”的“吻合”,体认出寓于心中的“天理”“善端”。这与阳明的“悟道”路径相一致,可谓同工。

四是,二学同是兼容禅、道,回归孟学,变革朱学。

有学者说:“明代心学的崛起,禅学思想的刺激功不可没,方法上的灵活运用可以造成学理上的创新突破,释儒同参,也有助于相互叩击,相互印证”,“儒佛会通在明代心学的发展上见证到最佳的典范实例”。[⑤] 又说:“白沙要以禅法启出《五经》关键,《传习录》也要穿上禅家语录的外衣,以唤醒儒家经典的内在活力。”[⑥]阳明与白沙都受到佛学的影响。阳明年轻时一度“究心

---

① 《王阳明全集》卷二,《语录二·传习录中·答陆原静书》,第 61 页。

② 《王阳明全集》卷五,《文录二·书二·答舒国用》,第 190 页。

③ 《王阳明全集》卷二,《语录二·传习录中·答顾东桥书》,第 45 页。

④ 《与谢元吉》,转引自陈郁夫:《明陈白沙先生献章年谱》,第 27 页。

⑤ 姜允明:《王阳明与陈白沙》,《从“陆王学派”一词的商榷论儒佛会通》,台北:五南图书出版公司,2007 年,第 82 页。

⑥ 同上,第 85 页。

于老释”，在贵州龙场“悟道”，同样要“悬空静宁，如槁木死灰”，虽然他强调，仅仅如此是不行的，还应该落实到“省察克治”，克除萌发中的坏念头，但佛道的影响则明显可见。禅宗六祖慧能提出“顿悟说”，认为人人心中都有佛性，只要把心中的佛性顿悟出来，便可立地成佛。白沙作为慧能的老乡，可能受到慧能的影响：其“道通于物”，以心为“道”舍，“道”寓于“心”，在“心”中体悟“得道”即成圣贤。

阳明心学与白沙心学，在涵养与认知方法上，都回归于孟子的“尽心说”。孟子认为，人的心中存有“仁、义、礼、智”这些善端，皆“非由外铄我，我固有之”[①]，“求则得之，舍则失之”[②]，人只要反求于身则得善端。这同朱熹设定“理先气后”，强调在心之外去求“天理”，向外“格物致知”，决然不同。不论是阳明的“心外无理，心外无物”，包万理万物于一心，还是白沙的“会理”“得道”而达到“宇宙在我”，二人的“反求诸心”的涵养方法，同孟子的“万物皆备于我”，以及“尽心而知性，知性而知天”的涵养方法，完全一致。这种认知与涵养方法，无疑是变主客体“支离”为主客体“合一”，可以说是传统认知与涵养方法的历史性传承。

五是，二学同是设定先验道德，并高扬主体精神。

阳明心学与白沙心学的最大共同点，是设定先验的善端，并倡导高扬人的主体精神。

---

① 《孟子·告子上》。
② 《孟子·尽心上》。

阳明提出，“心之本体即是天理，天理只是一个”①，“在物为理，处事为义，在性为善，因所指而异其名，实皆吾之心也”②，“身之主宰便是心，心之所发便是意，意之本体便是知，意之所在便是物”③，其结论：“心外无物，心外无事，心外无理，心外无义，心外无善”④。把心之外的一切，统统看作为心的派生物，认定“心者，天地万物之主也”⑤。白沙同样认为人的善端是先验的，同样肯定心具有无限的能动性，他说，“君子一心，万理完具。事物虽多，莫非在我”⑥。君子的心无所不能，无所不及，宇宙间的一切，无不在我的掌控之中。因而，“君子一心足以开万世”⑦，既可“因是心”而“制是礼”⑧，也可“充是心”而“保四海”⑨，故“吾之心正，天地之心亦正”⑩。心，能创造一切，改变一切，主控一切，使“天地我立，万化我出，宇宙在我”。

二者之异

白沙心学与阳明心学在同中有异，相异点体现在如下方面。

一、二学有“心本体”与“道本体”之别。

阳明心学是“心本体论”，他提出“心外无物”，“心”为宇宙之

---

① 《王阳明全集》卷二，《语录二·传习录中·启问道通书》，第 58 页。
② 《王阳明全集》卷四，《文录一·书一·与王纯普》，第 156 页。
③ 《王阳明全集》卷一，《语录一·传习录上》，第 6 页。
④ 《王阳明全集》卷四，《文录一·书一·与王纯普》，第 156 页。
⑤ 《王阳明全集》卷六，《文录三·书三·答季明德》，第 214 页。
⑥ 《陈献章集》卷一，《论·论前辈言铢视轩冕尘视金玉》，第 55 页。
⑦ 《陈献章集》卷一，《论·无后论》，第 57 页。
⑧ 《陈献章集》卷一，《论·仁术论》，第 58 页。
⑨ 《陈献章集》卷一，《记·古蒙州学记》，第 28 页。
⑩ 《陈献章集》卷一，《记·肇庆府城隍庙记》第 36 页。

本原。反复申述："心即理也。此心无私欲之蔽，即是天理"[①]；"夫物理不外于吾心，外吾心而求物理，无物理矣"[②]；"心外无物"，而且是"心外无理，心外无事"。他认定"心也，性也，命也，一也。通人物，达四海，塞天地，亘古今，无有乎弗具，无有乎弗同，无有乎或变者也"[③]。这是说，"心"这一本体，统摄天地万物，贯穿于一切的时间与空间，而无所不在，"天理"与"心"合一，"心"便是宇宙的本体。

白沙心学以"道与气"为宇宙本体，与阳明心学实是大异。白沙认为，"道至大"，"天地之大不得与道侔，故至大者道而已"[④]；道"无内外，无终始，无一处不到，无一息不运"[⑤]；"天得之为天，地得之为地，人得之为人"[⑥]；"往古来今，四方上下，都一齐穿纽，一齐收拾，随时随处"[⑦]，它至虚，不可言状，不可感知，"有目者不得见"[⑧]，看不见，摸不着。陈献章又认为，"天地间一气而已，屈信相感，其变无穷"[⑨]。认为"元气塞天地，万古常周流"[⑩]，那是说"天地中之正气，充塞两间，万古周流，上下四方之

① 《王阳明全集》卷一，《语录一·传习录上》，第 2 页。
② 《王阳明全集》卷二，《语录二·传习录中·答顾东桥书》，第 42 页。
③ 《王阳明全集》卷七，《文录四·序记说·稽山书院尊经阁记》，第 254 页。
④ 《陈献章集》卷一，《论·论前辈言铢视轩冕尘视金玉》，第 55 页。
⑤ 《陈献章集》卷二，《与林郡博》，第 217 页。
⑥ 《陈献章集》卷一，《论·论前辈言铢视轩冕尘视金玉》，第 56 页。
⑦ 《陈献章集》卷二，《与林郡博》，第 217 页。
⑧ 《陈献章集》卷一，《论·论前辈言铢视轩冕尘视金玉》，第 56 页。
⑨ 《陈献章集》卷一，《记·云潭记》，第 41 页。
⑩ 《陈献章集》卷四，《五言古诗·五日雨霰》，第 305 页。

宇，古今往来之宙，同此充塞流行”[①]，承认“气”的世界的存在，宇宙是由虚的道与实的气所衍生，故“半虚半实”“虚实参半”。由此可见，在本体论上二学存在比较大的分歧。

可以说，在本体论上阳明心学与白沙心学之异，集中体现在是否承认在人的主体精神之外，存在客观的物质世界。然而王阳明也不可能彻底否认他所生活的世界是实在的、客观的，因而其理论与其生活感受存在着悖论。白沙的“宗自然”观，则认定自然是客观实在，这是兼容了道家思想，而在阳明心学中难以找到这方面的思想，故此为白沙心学与阳明心学的一大相异点。

二、二学有 “心外无物”与“道通于物”之别。

白沙心学与阳明心学之异，由本体论的差异而衍生出种种不同，焦点是“心”与“理”(或称“道”)、“心”与“物”的关系。阳明心学强调，“心即理”“无心外之物”“无心外之理”。他说“心外无物，吾心发一念孝亲，即孝亲便是物”[②]，在“道”“理”与“心”之间画上了等号。在阳明看来，“身之主宰便是心，心之所发便是意，意之本体便是知，意之所在便是物”[③]。其推理便是：

“身”──→“心”──→“意”──→“知”──→“物”

在阳明看来，世界是由心所主宰、所感悟、所衍生，世界因为你“看到”了，你“感应”了才存在。他认为，由“心”产生“意”，“意”而后产生出“物”来。这是认定“心”与“物”二者本合为一。在心

---

① 《陈献章集》附录一，《白沙子古诗教解・五日雨霰其二》，第 769 页。

② 《王阳明全集》卷一，《语录一・传习录上》，第 24 页。

③ 同上，第 6 页。

物关系上，白沙心学有不同的阐述。他提出，“道通于物”，明确认为“物囿于形，道通于物，有目者不得见也”[①]，认定“道”并非悬空，而是寓于有形的万物之中，与物紧密相连；“道至无而动，至近而神，故藏而后发，形而斯存”[②]。道为虚，物为实，“虚实二字，可往来看，虚中有实，实中有虚”[③]；道无形，物有形，道因有形之物而存，故道不离物；物因得道而为物，故物不离道。白沙心学的“道通于物”论与阳明心学的“心外无物”论，显然大相径庭。

三、二学有“致良知”与“会道”“得理”之别。

阳明主张“致良知”，认为人认知天理，是由人的意念推致自身的本体之心。“夫心之本体，即天理也。天理之昭明灵觉，所谓良知也。”[④]“良知”=“心之本体”=“天理”，因而“致良知”便是自省、自觉，其过程中“心”与“理”（或称“道”），本来就相融汇，心与理本合一，便不存在使“心”与“道”从“为二”到“合一”的过程。白沙的路径，是在静中“得道”“会理”，即由静坐入门，在虚静中求得“心”与“道”（或称“理”）的“凑泊吻合”，“得道”“会理”之后，“道”与“心”由“为二”而进到“合一”的境界，这显然不同于阳明的“心”与“道”始终“合一”的看法。

总的说来，白沙心学与阳明心学，有着密切的关系，这是历史的真实。二人虽没有直接的师承关系，但二人的学说，都是儒

---

① 《陈献章集》卷一，《论・论前辈言铢视轩冕尘视金玉》，第 56 页。

② 《陈献章集》卷二，《书一・复张东白内翰》，第 131 页。

③ 《明儒学案》卷五，《白沙学案上・论学书》，第 83 页。

④ 《王阳明全集》卷五，《文录二・书二・答舒国用》，第 190 页。

学正宗，恰能互补。据《明史》称，万历十二年（1584），大学士申时行等言："'守仁言致知出《大学》，良知出《孟子》。陈献章主静，沿宋儒周敦颐、程颢。且孝友出处如献章，气节文章功业如守仁，不可谓禅，诚宜崇祀。'且言胡居仁纯心笃行，众论所归，亦宜并祀。帝皆从之。终明之世，从祀者止守仁等四人。"[①]这官方的评述，有一定的公允性。当时朝中有人认为，白沙与阳明二学各持不同的理论，但同为圣贤的亲身实践经验的总结，内容上合乎圣学：阳明学"曰致良知"，可以"劝夫缙绅者，使人知用世之为学，不必藏而后可以修"，可以"明真儒之有用，而不安于拘曲"；白沙学"曰戒慎恐惧，曰勿忘无助，曰自然"，可以"劝夫遗逸者，使人知不用之亦为学，不必仕而后可以显"，可以"明实学之自得，而不专于见闻，斯于圣化"。[②] 这是说二学分别对朝野不同的人群，产生着各自不同的启迪效应。阳明与白沙，二人分别成为不同类型士人的楷模，同样得到朝廷与社会的认可，故同时从祀孔庙，受到同等规格的祭祀。

三、阳明心学与甘泉心学之异同

阳明与甘泉，在京结交，分庭讲学，书函往来。自正德十年（1515）在南京龙江就"格物"而开始论辩，彼此切磋心学。虽然二人各抒己见，论争也颇激烈，但在学术观点上是有同有异的。

---

① 《明史》卷一百九十五，《王守仁列传》。
② 《陈献章集》附录四，《其他·从祀文庙疏议》，第929—930页。

王湛的学术分歧

阳明与甘泉之辩，集中体现在“随处体认天理”与“致良知”之异，其中的分歧首先是二人对“心”界定的不同，这是甘泉心学与阳明心学的主要分歧。甘泉以为：“盖阳明与吾看心不同，吾之所为心者，体万物而不遗者也，故无内外。阳明之所谓心者，指腔子里而为言者也，故以吾之说为外。”[①]由于甘泉恪守师道，便明确提出，在心之外存在着万事万物，“心”与外在的“事”“物”是“合一”的，不同于阳明心学的“心外无物，心外无事，心外无理”，“心”仅仅是指人胸中的“方寸”。湛若水界定“所谓心者，非偏指腔子里方寸内与事为对者也，无事而非心也。尧、舜‘允执厥中’，非独以事言，乃心事合一”[②]。可见湛若水虽以“心为本”，却与阳明有差异，学界不可不明察！

在对“格物”的解读上，二人也有不同。阳明说：“格者，正也。正其不正，以归于正也。”[③]解“格物”为“正念头”，即是体悟心中之物，心中之理，也就是把“去恶存善”，看作对宇宙的认知与自身的涵养。甘泉却认为，“格物”，不仅是内心的涵养，同时还须由内向外扩充，即须笃行践履，主张“知”与“行”二者“并行”，即心与事合一、内与外合一。他认为“格”，是“格于文祖”“有苗格”之格，即“至”；“物”，就是“天理”，即“道”。“格”，即“造诣之义”，“格物者即造道也”，也即“知行并造，博学、审问、慎思、

---

① 《泉翁大全集》卷九，《书·答杨少默》，第256页。

② 《明儒学案》卷三十一，《甘泉学案一·语录》，第898页。

③ 《王阳明全集》卷一，《语录一·传习录上》，第25页。

明辨、笃行，皆所以造道也。读书、亲师友、酬应，随时随处皆求体认天理而涵养之，无非造道之功”，“即所谓知之至”。①

可见，阳明心学与甘泉心学之异，不仅仅在于是否释“格物”为“正念头”，还在于是否认为“造道”就是“知行相兼”。当然，原始儒家主张“内圣”与“外王”相统一，阳明的一生，功业与学问一样了得，他的“格物”并没有仅仅停留在“正念头”，而是坚持了知行相兼。

对“良知”理解之异，是王阳明与湛若水产生种种分歧的理论起点。“致良知”是阳明心学的核心命题，阳明又把“良知”明确界定为“吾心之良知，即所谓天理也”②，“是非之心，不虑而知，不学而能，所谓良知也”③。他认为，“良知”便是人人皆有、不学而能、不虑而知的一种道德本性，即天理。甘泉则认为，这种不须外铄的“良知”，需要向外进行扩充，才可能产生出至善的道德行为。他强调不要忘记“孟子本意全在‘达’字上”，“天下之事，皆待学而能，待虑而知”，“必学问思辨以开其知，笃行以恒其知，知行并进，涵养以扩充之。由一念良知、良能之爱敬，以达于无所不爱敬”，“故良知、良能必达之天下而后为仁义也”。④ 这便是说人虽有“天然”的“良知良能”，但它并不等同于“仁义”道德，而必须如孟子所强调的要“达”，即通过后天的“思”和“虑”，“读书学问”，使良知良能向外“扩充”。

---

① 《泉翁大全集》卷八，《书·答阳明》，第243—244页。
② 《王阳明全集》卷二，《语录二·传习录中·答顾东桥书》，第45页。
③ 《王阳明全集》卷二，《语录二·传习录中·答聂文蔚》，第79页。
④ 《泉翁大全集》卷十二，《讲章·韶州明经馆讲章》，第362—363页。

特别值得注意的是，在阳明与甘泉之异方面，阳明把分歧归结为“主内”与“主外”之别，认为其“致良知”是“主内”，湛的“随处体认天理”是“主外”。湛若水进行辩解说，其实这是阳明对他的误解。事实上，甘泉主张“内外合一”，并非只“主外”。尽管如此，二人在“内外”问题上，确实存在一些分歧：阳明心学的“格物”“知行合一”与“致良知”，统统都是“向内”，无须“向外”，因为他认为，内与外合为一体，没有差异，心是腔子里的方寸，它就是理，而一切物与事都是内在的心的外发而已。鉴于此，在阳明看来，在湛的学说里“心”与“理”并非绝对等同，其认知与涵养的路数，便有“主外”之嫌。事实上，甘泉恪守师道，承认心之外存在“鸢飞鱼跃”“化化生生”的世界，因而在他看来，内是内，外是外，内在的心与外在的物是统一的整体，但又非绝对等同。足见二人对“内”与“外”的看法确实存有差异。

王湛学术之同

综上所述，阳明心学与甘泉心学确实存在分歧，但他们在往来的书函中都认定彼此的“异”是“小异”，而“同”则是“大同”。甘泉在推进白沙心学之时，却与阳明心学有更多的相同点，拉近了陈湛心学与阳明心学之间的距离。

王湛之“大同”主要体现在以下几个方面。

首先，在本体论上同是“以心为本”。甘泉把“心”升格为宇宙本体，明确提出“天即理也，理即心也”[①]；“心也者，包乎天地

---

① 《泉翁大全集》卷六，《雍语·一理》，第133页。

万物之外，而贯夫天地万物之中”[①]；宇宙间一切的一切，“自一念以至万物，无非心也”[②]。这与阳明主张的“心即理也”[③]，心派生万物，统摄万物，主宰万物，即有一致性。

其次，在道气、道心关系上，二人同样强调“一”，同时肩负起反对“支离”的历史职责。阳明从“心即理”出发，强调宇宙间的一切，皆统摄于“心”，“无心外之理，无心外之物”[④]，其“知行合一”论便是说知行“皆是一个工夫”，处处讲“一种绝对同一的无差异境界”[⑤]。湛若水的“体用一原”论，把白沙的道与物、道与心为“二”发展为“主于一”，由是提出系统的“合一”论。尽管甘泉的“主于一”，所讲的“合一”的双方，并非如阳明那样是“绝对同一”，但他们同样是着眼于事物相互依倚、彼此同一，强调宇宙的统一性，是二者最大之同。

第三，在认知论上，阳明与甘泉有同样的认知对象。尽管二人以不同的命题阐述认知问题，一主“致良知”，一主“随处体认天理”，但二人有同样的认知对象，或称“天理”，或称“良知”。甘泉在阳明墓志铭中谈及阳明学术思想时如是说，阳明复往于南雍，共同探讨学问，“语同志曰：‘湛先生之体认天理，即王先生致良知也’”[⑥]。这说明二人在认知论上，虽提出的命

---

① 《泉翁大全集》卷三十五，《杂论・心性图说》，第 838 页。
② 《泉翁大全集》卷六，《雍语・立心》，第 137 页。
③ 《王阳明全集》卷一，《语录一・传习录上》，第 2 页。
④ 同上，第 6 页。
⑤ 《理学的演变——从朱熹到王夫之戴震》，第 232 页。
⑥ 《泉翁大全集》卷六十，《墓志铭・明唐府纪善进长史俸静庵周君墓碑铭》，第 1472 页。

题不同，也有不完全相同的理论路向，但各自的认知对象却是完全相同的。

审视现存史料，可窥见当时王阳明与湛若水都认为，彼此之间是同为主，异为次。阳明在书函中，数次提及与湛的学术分歧，却多次用了“同”字。他说：“‘随处体认天理’是真实不诳语，鄙说初亦如是，及根究老兄命意发端处，却似有毫厘未协，然亦终当殊途同归也。”①又强调“此心同，此理同，苟知用力于此，虽百虑殊途，同归一致”，“虽所由之途间有迂直，知其异日之归终同耳”②；又称甘泉的“随处体认天理”的“命意发端处”，“似有毫厘未协，然亦终当殊途同归也”③，“甘泉之说与仆尚微有异，然不害其为大同”④。甘泉也说“格物之说甚超脱，非兄高明，何以及此！仆之鄙见大段不相远，大同小异耳”⑤；“甘泉子尝为之语曰‘良知必用天理，天理莫非良知’，以言其交用同也”⑥；“阳明先生亦尝有辩论，多未同，但未可以强聒。吾惟信其同者，以俟他日之小异者自同耳。”⑦甘泉批评世人舍弃了命题的“精义”，作文字文章，而产生误读，甚至夸大了他们之间的分歧。

---

① 《王阳明全集》卷五，《文录二·书二·答甘泉》，第181页。
② 《王阳明全集》卷四，《文录一·答甘泉》，第173—174页。
③ 《王阳明全集》卷五，《文录二·答甘泉》，第181页。
④ 《王阳明全集》卷五，《文录二·答方叔贤》，第184页。
⑤ 《泉翁大全集》卷八，《书·答阳明》，第243页。
⑥ ［明］湛若水著，钟彩钧、游腾达点校：《甘泉先生续编大全》卷十一，《墓志铭·明故总制两广江西湖广等处地方提督军务奉天翊卫推诚宣力守正文臣特进光禄大夫柱国少保兼太子太保新建伯南京兵部尚书兼都察院左都御史阳明先生王公墓志铭》，台北：“中央研究院”中国文哲研究所，2017年，第268页。
⑦ 《泉翁大全集》卷九，《书·答王宜学》，第256页。

两种学说有同等贡献

阳明心学与陈湛心学，同为早期启蒙先声。心学家们“在经历了嘉靖朝长达四十五年的君主独裁制造的思想高压的岁月之后，提倡学贵自得等于呼吁学术独立，要突破腐败统治的思想牢笼，当然也意味着向中世纪专制体制争自由”①。在此大背景下，阳明心学与陈湛心学有着同等的历史贡献，具体如下：

其一，二学同以唤醒人的道德自觉与高扬人的主体精神为学术旨趣，是社会对道德呼唤的回应，展示出人性自觉的启蒙取向，二者皆“否定用外在规范人为地管辖‘心’，禁锢‘欲’的必要性，高扬了人的主体性，造成了对正宗统治思想的一种反叛，成为晚明人文思潮的哲学基础”②。

其二，二学同倡导“贵疑”，蕴涵着思想解放、大胆创新的文化精神，开一代创新之风。他们的学说与社会践履，皆在转变学界“不敢改错”的陋习，体现了新学术思潮对传统社会保守与禁锢的否定，也体现了新时代的诉求。

其三，二学同倡导“人皆可以为尧舜”，反映时代对人性平等的渴求，折射出中国社会从等级之别走向人人平等的历史发展的大趋向。

其四，二学同倡导“知行合一”与“知行相兼”，强调知行的统一性，把人的认知与日用间的践履看作不可分的过程，变传统的

---

① 朱维铮：《走出中世纪》（增订本），《利玛窦在中国》，上海：复旦大学出版社，2007 年，第 79 页。

② 张岱年、方克立主编：《中国文化概论》（修订版），北京：北京师范大学出版社，2005 年，第 83 页。

清谈为务实，是商品经济发展对践履笃实精神的时代呼唤。

四、阳明心学与陈湛心学之关系

前文已经提到，白沙心学、甘泉心学和阳明心学这三个环节构成了有明一代心学。因甘泉与白沙有师承关系，二人学说总体上有继承性与一致性，可合称为“陈湛心学”，而后来的阳明心学，其直接的源头是陈湛心学，但又传承了陆九渊心学。陈湛心学与阳明心学，是明代心学颇具影响力的两大心学流派。

陈湛心学与阳明心学，有着密切的关系，具体体现如下：

其一，阳明心学始创于“龙场悟道”，其“悟道”的路数，与白沙的“静养端倪”相一致，这一看法已是学界的共识，可见陈湛心学对阳明的直接影响。

其二，阳明与甘泉的交往甚密，弘治十六年(1503)，阳明与甘泉相识，二人“一见定交”，决心“共兴圣学”。阳明坦言：“某幼不问学，陷于邪辟者二十年，而始究心于老、释。赖天之灵，因有所觉，始乃沿周、程之说求之，而若有得焉”，“晚得友于甘泉湛子，而后吾之志益坚，毅然若不可遏，则予之资于甘泉多矣”。[①]比较自负高傲的阳明，在回顾自己的学术道路时，居然敢于承认“幼不问学，陷溺于邪辟者二十年”，又曾迷于佛、老，之后虽开始学宋周子、程子之学，却直到与甘泉结识，才从甘泉那里“得益”多多，使他回归于圣学而“志益坚”，“不可遏”。特别是，他大胆

---

① 《王阳明全集》卷七，《文录四・别湛甘泉序》，第231页。

地承认“予之资于甘泉多矣”①，因为他认定“甘泉之学”，“求以自得”，便是“圣人之道”，阳明十分肯定湛在学术上对他有过非同一般的影响②，这是在他“龙场悟道”之前甘泉的影响。尽管阳明后来接受了陆九渊的学说，使二人在学术上产生了分歧，进行了长时间的论辩与切磋，然而在客观上，甘泉与阳明之间是相互影响的。应该说，甘泉对阳明的影响在先，相互影响在后；甘泉的影响，也就是白沙的影响。

一直以来，学界对阳明心学与陈湛心学的渊源关系，都有明确的说法：

明末清初

黄宗羲（1610—1695）较早便给白沙心学颇高的评价，并较早肯定了陈献章与王阳明二人的关系。在《明儒学案》中，黄宗羲如是说：

> 有明之学，至白沙始入精微。其吃紧工夫，全在涵养。喜怒未发而非空，万感交集而不动，至阳明而后大。两先生之学，最为相近，不知阳明后来从不说起，其故何也。薛中离，阳明之高第弟子也，于正德十四年上疏请白沙从祀孔庙，是必有以知师门之学同矣。③

黄宗羲的这一说法已成为学界的共识，同时期的广东学者屈大均（1630—1696）在《陈文恭集序》中说：

---

① 《王阳明全集》卷七，《文录四・别湛甘泉序》，第231页。
② 《王阳明全集》卷三十七，《世德纪・传・阳明先生墓志铭》，第1402页。
③ 《明儒学案》卷十五，《白沙学案上》，第78页。

阳明之学，多繇甘泉启发，而阳明亦未尝数言甘泉之师为白沙，则又何也？[①]

黄宗羲与屈大均二人，同陈献章与王阳明一样是明代学者，他们对陈王生活的时代，以及他们的思想与社会影响的了解，比今人更清楚，也应更切合实际。

近代

梁启超在《儒家哲学》中，提出“明代中叶，新学派起，气象异常光大。有两个大师，可以代表，一个是陈献章（白沙），一个是王守仁（阳明）”[②]。他认定白沙学说得到甘泉的继承与弘扬，又通过甘泉而影响至阳明。在《儒家哲学·两千五百年儒学变迁概略》中，他说：

（陈献章）他有一个弟子湛若水，号甘泉，亦是广东人，与他齐名。当时称陈湛之学，或称湛王之学。甘泉做的官很大（礼部尚书），去的地方亦很多，所到之处，就修白沙书院，陈学的光大，算是靠他。甘泉比阳明稍长，甘泉三十余岁，阳明二十余岁，同在北京做小京官，一块研究学问。阳明很受甘泉的影响，亦可以说很受白沙的影响。[③]

梁启超所言，同样展示了明代心学发展的基本线索：白沙—甘泉—阳明，揭示了陈湛对阳明的影响，阳明因甘泉而受到白沙影响，故梁启超直白地说：阳明“很受甘泉的影响”，“很受白沙的

---

① 屈大均：《陈文恭集序》，《陈献章集·附录三》，第922页。

② 梁启超：《儒家哲学　国学要籍研读法四种》，《儒家哲学》第五讲，第54页。

③ 同上，第54—55页。

影响”。

当代

冯友兰在《中国哲学史》中，有专节论及“陈白沙与湛若水”，他说：

> 白沙卒于明孝宗弘治十三年(西历 1500 年)，时王阳明二十余岁。甘泉卒于明世宗嘉靖三十九年(西历 1560 年)，与阳明时相辩论。阳明之学，虽亦自得，然亦必受此二人之影响也。①

冯友兰强调，阳明之学虽是“自得”，但也必然受到陈湛二人的影响，显然同意了黄宗羲、梁启超的看法。

朱维铮在专著《走出中世纪》中，论及传教士利玛窦进入中国所走的路线时指出，“利玛窦入华，正逢王学解禁”②，“利玛窦的传教路线，恰与王学由萌生到盛行的空间轨迹重合”③，又提出：

> 讲其“自得之学”的陈献章，是王守仁学说的真正教父；④
>
> 广东，正是王学的策源地。⑤

对明代心学的发展，朱维铮如此叙述：

---

① 冯友兰：《中国哲学史》下，上海：华东师范大学出版社，2000 年，第 286 页。

② 朱维铮：《走出中世纪》(增订本)，《利玛窦在中国》，第 79 页。

③ 同上，第 74 页。

④ 同上，第 75 页。

⑤ 同上，第 77 页。

> 十五世纪晚期归隐于故乡广东新会白沙里收徒讲其“自得之学”的陈献章，是王守仁学说的真正教父。被认为复活陆九渊的心学，而与明代官方尊作“正学”的所谓朱子学相颉颃的这个学术系统，起初只是帝国边缘的南海之滨的一个小学派。然后越五岭，入江西，由南京传到北京，一路膨胀、分化、重组。经过湛若水，特别是十六世纪初因相继镇压赣闽民变和宁王叛乱而名震遐迩的王守仁提倡，历时不过半个世纪，便风靡南国。[①]

这里，朱维铮揭示的也是明代心学由陈白沙—湛甘泉—王阳明的发展历程。这应是不争的历史事实，足见白沙心学与阳明心学之间，乃是经过甘泉心学的中间环节，而后才“至姚江而始大明”。朱维铮还明确提出，在明代心学发展的长链条中，“自得”一以贯之。他说：“从陈白沙到王阳明都宣扬学术贵‘自得’。”[②]“学贵自得”，是明代心学的核心理念，是明代心学的启蒙特色，这也是连接从白沙到阳明的一根红线。

在海外

瑞士心理学家、现象学家、汉学家耿宁(1937—　)，在《人生第一等事——王阳明及其后学论“致良知”》中说，“湛若水在王阳明去世后直接承认他们的学说的兼容性与原则统一性”，并指出：

> 通过湛若水的介绍，他的老师陈献章(号白沙，1428—

---

① 朱维铮：《走出中世纪》(增订本)，《利玛窦在中国》，第 75 页。
② 同上，第 79 页。

1500)对王阳明产生影响。陈献章是明代首位从根本上摆脱了朱熹(1130—1200)之主宰的重要儒者,并且创立了自己的儒学道路。王阳明并未明确将自己与陈献章联系在一起,但陈献章的独立精神态度却在他心中发生影响,并因此而获得了一个巨大的历史效应。因而陈献章应当被视为王阳明的先驱。他们二人在1584年一同入祀孔庙。①

综上所述,陈湛心学是阳明构建其学说的不可或缺的思想资源,而明代心学发展的基本历程,是三个环节、两个流派的辩证运动。然而,由于种种原因,长期以来,特别是近年以来,人们只知阳明而不知陈、湛,历史的真实被忽略了。

当然,还原历史的原貌,乃是为了后人了解历史的真实,而不是要贬低阳明心学。恰恰相反,人们可以从这段真实的历史中看到明代文化的多姿多彩,看到明代文化星空中的双子座——阳明心学与陈湛心学,更能看到阳明心学的开放、兼容的文化精神,看到阳明心学青出于蓝而胜于蓝,而后能风靡海内外。

① [瑞士]耿宁:《人生第一等事——王阳明及其后学论"致良知"》,《前言》,北京:商务印书馆,2014年,第7页。

第八章　阳明心学，中国早期启蒙思潮

阳明心学，是时代的产物，是中国社会经济发展带来的思想硕果。它产生于明代中叶，是中国早期启蒙先声。人们只有把阳明心学置于特定的历史背景下进行解读，才可能真正理会其理论贡献与不足。

人类社会发展，有着自身的规律，从自然经济社会，到商品经济社会，这是社会发展的必然，中外概莫能外。自宋以来，中国社会的工商业开始得到发展，“以农为本”的国策受到了挑战；迄至明代，由于社会经济改革的驱动，商品经济有了较前更快速的发展。历史唯物论告诉人们，社会存在决定社会意识。可以说，明初的经济改革措施出台，催化了商品经济发展的同时，带来了人的思想理念、社会意识的变化。阳明心学，是明代中叶社会经济发展的产物，是宋明商品经济发展所结出的思想硕果。

一、改革，催化商品经济发展

社会生产水平提高，产品比较丰富之后，自家消费不完的家庭产品，往往便被拿去交换。剩余产品愈多，交换愈频繁，商业活动也随之开始活跃。与此同时，社会出现专业户，专门为产品的交流而进行生产，生产的目的是进行产品的交换，并期待从交换中获利，于是商品经济便慢慢地萌生与发展。

明初，朝廷采取各种改革措施，产生了以下影响：一方面，构筑了社会物质基础，有利于政权的巩固；另一方面，则催化了商品经济的发展，促使社会走向转型。前者是朝廷的主观愿景，而后者则是朝廷始料未及的客观效应。

明代的经济改革，为商品经济发展提供了如下条件：

首先，农业与手工业的发展，为商品生产提供原材料，以及可供交换的剩余产品。

明初，为巩固初生的政权，朝廷采取了各种社会改革的措施，在经济方面，实施移民屯田、兴修水利等政策，耕地扩增以及水利工程修建，有效地促进农业的增长。据史料记载，至万历三十年(1602)，全国耕地面积达 1 160 余万顷①，农业生产有了更广阔的空间。农业技术的不断提高，使农业生产如虎添翼。明中叶出现了新型生产工具，在耕耘、选种、播种，以及施肥等方面都有较大的改进，此外还引进和推广新农作物品种，种植了高效益的经济作物。农业增产，便有更多农产品直接进入流通领域，并为手工业生产提供更充足的原材料。明代的纺织业、制糖业等，皆因此得到较快发展。手工业的发展，则为社会提供更多的商品。

其次，劳动力解放，为商品经济的发展提供人力资源。

从西方的经验看，当年英国商品经济的发展，其重要原因之

---

① 转引自魏千志：《明清史概论》，北京：中国社会科学出版社，1998 年，第 144 页。

一是圈地运动使农民被迫离开土地，为商品生产提供了劳力。中国虽没有发生“圈地运动”，但是，明代进行了工匠制度的改革：废除了匠户常年服役制，使工匠在不服役期间，得到人身自由；又改亲身服役为征银服役，工匠可以用银两去替代服役，买得人身自由。当时破产的手工业者、农民、被解雇的人，都成为自由劳力。据《明神宗实录》记载，万历年间在江苏地区，社会上出现“恒产绝少”，“浮食奇民，朝不谋夕，得业则生，失业则死”①的现象，这些失业者，便是商品经济发展的人力资源。

再次，赋税的减免，催化了商品经济的发展。

古代中国“以农为本”“重农抑商”，“重税”是“抑商”的“杀手锏”。明初，迫于安稳社会、休养生息的需要及商品经济发展的大势，朝廷不得不采取减免赋税的改革措施。当时的税制改革，一是轻税，商税实施“三十而取一”；二是免税，如“田器等物”“嫁娶丧祭之物”“舟车丝布之类”，即关乎国计民生的生活用品，一律免税；三是赋税制度的执行不得苟且，违抗者将受到惩处。这些改革的实施，无疑为商品经济的发展添加了“催化剂”，其作用有三：

一是，减轻商品生产的成本，增强了商品的竞争力；

二是，为一直受着赋税重压的商人松绑，增强了商人从事商业活动的信心，发展商业的力度得以增大；

三是，扫除商品流通的路障，营造发展商品经济的宽松的大环境。

---

① 《明神宗实录》卷三六一。

此外，值得一提的是，外贸政策的调整，为商品经济的发展拓宽了海外流通渠道。明代的外贸政策，一方面是实施“海禁”，另一方面则倡导“朝贡”。前者是限制民间的对外贸易活动，而后者却有利于拓展商品向外流通的渠道，促进商品经济的发展。

明朝廷比较注重与海外国家通好，曾采取各种措施与邻国加强经济与文化的交往。永乐年间明朝廷曾给日本发出上百份来华通商的证书（称作“勘合”）。据不完全统计，永乐十七年（1419）至嘉靖二十三年（1544）期间，日本共有 90 多艘商船来华，中国商船也开往日本的长崎，开展互市贸易。[①] 永乐三年（1405）至宣德八年（1433），这 28 年间，朝廷派郑和七下西洋，有道是“我之云帆高张，昼夜星驰，涉彼狂澜，若履通衢者”[②]。郑和的足迹遍及 30 余国，为中国商品经济拓展更广阔的海外市场打下了一定的基础。

总而言之，明代的经济改革，确实促进了商品经济的快速发展，催化了启蒙思想的孕育与产生，昭示着中国社会的转型。

商品意识相伴而生

商品经济的发展，必然催生新的社会意识，产生出相应的思想学说。可以说，富于启蒙性的阳明心学，即是明代商品经济发展所结出的思想硕果。

---

① 转引自魏千志：《明清史概论》，第 380 页。

② ［明］巩珍：《西洋番国志》，《娄东刘家港天妃宫石刻通番事迹记》，北京：中华书局，2000 年，第 51 页。

商品，具有不同于一般产品的属性，正是其特质决定了商品经济的活动方式，人们正是在商品经济的特定环境中，产生出特有的思想观念和价值取向。

经济学常识告诉人们，商品是商品经济社会的细胞；它是物品，又非一般物品，具有自身的特质。商品具有二重属性，即使用价值与交换价值：商品的使用价值，是能满足人的需要的属性，任何物品，无不具有使用价值，物品的效用便是它的使用价值，它是商品交换价值的物质承担者；商品的交换价值，是商品的价值在交换中所体现的价值，是凝结在商品中的人类劳动，一般用经过抽象的劳动时间来计算，通过交换才能实现。换言之，不进入交换流通的物品，并非商品。商品的使用价值，不是为它的所有者而存在，而是为交换的对方而存在，也正是在交换中，它与对方的等值交换中，使自身凝结的、由劳动时间所体现的价值得到实现。

鉴于商品必须进行交换，这种交换必须具有如下的前提条件：一是有交换的空间；二是商品所有者具有独立的自主人格；三是商品交换须遵守等价原则。具体展开如下：

商品交换须在开放空间进行。开放，只有开放，而不是自我封闭，才有商品的存在，才能进行商品交换，才有商品经济的发展。开放，是商品天然的属性，人们也就在商品交换的开放空间中，孕育与产生出开放意识来。

商品的所有者，是独立的生产者，具有代表商品的资格；在商品交换的过程中，交换双方独立存在，彼此没有依附关系。这种独立的主体性，体现着一种平等的关系。

商品交换必须依循价值规律进行，即进行等价交换。价值规律，彰显出商品交换是商品所有者双方彼此交换一种同等的价值；等价交换有时出现不等价，那是由于受到市场供求波动的影响，这种不等价仅仅是暂时的、表面的，而其基本的、实质的交换原则，还是等价的原则。商品交换所依循的价值规律——等价交换原则，必然呼唤独立人格，必然产生对自由与平等的诉求，以及对等级观念的挑战。可见商品经济带来了人与人之间的一种新的经济关系，而这种关系的变更，必然反映在社会生活的各个层面上，催生社会观念的变化。可以说，独立、平等、自由都是商品经济活动的产物，明代中叶特有的客观社会经济活动，也就产生出了特有的社会意识。

社会存在决定社会意识

马克思主义哲学，是科学的世界观和方法论，它包括辩证唯物论和历史唯物论，科学地回应了资本主义向何处去，人类向何处去的时代问题。历史唯物论明确提出，生产力决定生产关系，经济基础决定上层建筑，社会存在决定社会意识。这揭示了任何社会的思想观念，都产生于一定的社会经济环境。这是人类社会发展的铁律，它不因人的主观意图而改变，古今中外概莫能外，明代的历史历程正是如此的发展轨迹：

明代改革→促进商品经济发展→催生商品意识→心学应运而生→阳明心学体现早期的启蒙思想

综上所述足见：阳明心学的产生，根植于明代的经济社会；阳明心学，是明代经济发展的必然；阳明心学，是明代新的社会意识的升华；阳明心学，是明代孕育和产生的早期启蒙先声。

二、阳明对社会现实的双重回应

阳明以他的聪慧，思考了明代中叶的社会问题，并作了双重回应。其主观意图是要维系社会纲常，以维护封建大一统的长治久安，是要“补天”；但从客观上看，其学说则反映了新的社会经济所产生的新的社会意识，是一股新的要冲破旧的社会秩序的思潮，为摧毁旧制度提供了思想武器，客观上有着“拆天”的效应。这正说明了社会意识由社会存在所决定，但社会意识形成之后，它对社会存在也产生着不可估量的反作用。

阳明心学不仅在内容上具有二重性，在其功能上也具有二重性。事物是复杂的，必须抛弃“A 即 A”的线性思维方式，而应采用“亦 A 亦 B”的辩证思维，要对阳明心学进行具体的辩证的分析。

如前所说，宋代以来商品经济的发展，在观念层面上，既带来了开放、独立、平等、自由等新的理念，激发人们对主体性高扬的诉求；同时又带来了人的物欲膨胀，对“利”的追逐，“鸡鸣而起孳孳为利”渐成为社会的普遍现象，社会出现道德下滑的负面效应，这就是朱熹所说的“人欲横流”。

面对商品经济发展所带来的社会现实，儒士们要考虑如何维系道德纲常，以及社会的长治久安。宋代的程朱理学，倡导“存理去欲”，希冀以“德”抑“欲”，以维护封建社会的道德纲常，旨在“补天”。

到了明代，儒士们逐渐意识到，人欲与天理并非势不两立，而是相互依存的，于是心学家们便去寻求解决问题的另一出路。明代的心学，虽极力反对朱熹分离“理”与“心”的支离观，也不认为理欲决然对立，但是在反对“人欲横流”、维护纲常的立场上，却与朱熹是一致的。从陈献章的“静养端倪”到湛若水的“随处体认天理”，都是主张通过人对天理的体认，达到道德本性的觉醒，而后自觉地以道德去驾驭物质欲望，达到对纲常的维护。阳明心学更是明确把“良知”，即人的道德本性升格为宇宙本源，其“致良知”同样是通过人的道德本性的觉醒而实现“存理去欲”，维护纲常。

对社会现实的评述

阳明提出“致良知”，通过道德觉醒去“存理去欲”，这是建立在他对社会深刻洞察的基础上，是阳明为疗治“人欲横流”社会顽疾而提出的良方，是他面对社会现实的回应。

阳明敏锐地洞察到现实社会的种种不良症候，并进行了精准的诊断。他在讲学中不乏对社会现实的述评，如在《答储柴墟》函中首先提出“天下莫大于道，莫贵于德”，“仁者，心之德，人而不仁，不可以为人”。阳明认定，人必须有仁心，社会必须有道德，而他所生活的年代，已经好像一个得了重病的人，现实使他痛心，故积极地针砭时弊：

> 今天下波颓风靡，为日已久，何异于病革临绝之时。[①]

---

① 《王阳明全集》卷二十一，《外集三·书·答储柴墟二》，第814页。

今天下事势,如沉疴积痿……[①]

在《答顾东桥书》中,对"病革临绝之时"先作了概述:

盖至于今,功利之毒沦浃于人之心髓,而习以成性也几千年矣。[②]

他具体地指出:

相矜以知,相轧以势,相争以利,相高以技能,相取以声誉。其出而仕也,理钱谷者则欲兼夫兵刑,典礼乐者又欲与于铨轴,处郡县则思藩臬之高,居台谏则望宰执之要。故不能其事,则不得以兼其官;不通其说,则不可以要其誉;记诵之广,适以长其敖也;知识之多,适以行其恶也;见闻之博,适以肆其辨也;辞章之富,适以饰其伪也。[③]

在阳明看来,这些人失去了人应有的道德本性——良知,社会的道德纲常受到了冲击,圣学失落。对此种种,阳明感到十分可悲,慨叹:"呜呼,可悲也已!"

面对当时的社会现实,阳明作了双重的回应:

一方面,把商品经济所产生的商品意识升华为富有启蒙性的心学,呼吁人性天赋、人性平等、人性解放,以及倡导道德自觉,高扬主体精神,构建社会转型时代的思想体系。

另一方面,则是直面道德纲常沦丧的状况,把"道德"作为主

---

① 《王阳明全集》卷六,《文录三・书三・与黄宗贤》,第220页。
② 《王阳明全集》卷二,《语录二・传习录中・答顾东桥书》,第56页。
③ 同上。

线，构建其心学。阳明心学把道德升格为宇宙本体，把体认道德与践履道德的合一作为人的认知与涵养的途径与方法，把体认道德作为至圣的通道。其心学便是教人通过对自身道德本性的觉悟，希冀从净化人的心灵，进而维系社会纲常，以疗治商品经济发展带来的社会顽疾。

阳明创立的学说，既具有维系封建道德纲常的儒家立场，又彰显了中国早期的启蒙思想。前者，是阳明的主观意图；后者，则是他所未预料到的、其学说所产生的客观社会效应。作为儒士、作为朝廷命官，他有着与朱熹相同的立场：倡导德治，维护纲常，实现社会的长治久安；然而，由于阳明学说在客观上反映了新的社会意识，它的理论导向是倡导思想解放，促使旧的社会制度的解体。启蒙呼声与维系社会纲常之悖论，主观的“补天”与客观的“拆天”，似是不可相容，但却在阳明学说中同时存在着。因而，阳明虽有启蒙思想，却称不上“启蒙思想家”；他虽为朝廷命官，主观上维护封建纲常，却又开启了中国早期的启蒙思潮。世界上的事物总是复杂的，人们应以多元的思维方式进行分析，决不可简单化。既不可因其朝廷命官有“补天”的立场，而否定其思想的启蒙性；也不可因其学说的启蒙性而忽略其朝廷命官的立场。

三、阳明心学之启蒙性

从正面效应来考察，阳明心学的启蒙性意义，无比可贵。它是中华文化发展史上的一座丰碑；它影响了中国乃至世界历史的发展进程；它的当代价值尤为珍贵！

启蒙，即人的觉醒

何谓“启蒙”？一般而论，启蒙是指发生在欧洲14世纪以“文艺复兴”开端，延续至18世纪的“启蒙运动”。关于“启蒙”的界定，学界一般采用康德的定义：

> 启蒙运动就是人类脱离自己所加之于自己的不成熟状态。不成熟状态就是不经别人的指引，就对运用自己的理智无能为力。当其原因不在于缺乏理智，而在于不经别人的引导就缺乏勇气与决心去加以运用时，那么这种不成熟状态就是自己所加之于自己的了。Sapeae aude（要敢于认识）！要有勇气运用你自己的理智！这就是启蒙运动的口号。[①]

这是一个被视为经典的定义，然而，启蒙运动并非仅仅呼吁人的“理性”，它是一个由社会生产发展，带动社会的方方面面变化，而必然产生的社会运动。欧洲启蒙运动，折射出社会由神权统治的封建社会跨进人性解放、人权平等的现代社会的必然。启蒙的本质，是“人的解放”，是对人性的合理、平等的肯定，以及对主体精神高扬的诉求。人的觉醒与主体精神高扬，乃启蒙的核心。

西方的启蒙运动的发生，体现着“人类社会的基本生活方式的转变带来社会的转型，进而带来观念的转换”[②]，即

---

① ［德］康德：《历史理性批评文集》，《答复这个问题：“什么是启蒙运动”》，何兆武译，北京：商务印书馆，2007年，第23页。

② 黄玉顺：《论“儒家启蒙主义”》，《战略与管理1：东北振兴》，北京：中国发展出版社，2017年，第203页。

社会的基本生活方式的转变→社会的转型→观念的转换

启蒙运动既是社会发展的产物，又是推进社会发展的动力。

社会形态，是经济基础与上层建筑的统一，经济基础决定上层建筑，社会存在决定社会意识，这是历史发展的铁律，不以人的主观意志而转移。恩格斯说：

> 每一时代的社会经济结构形成现实基础，每一历史时期由法律设施和政治设施以及宗教的、哲学的和其他的观点所构成的全部上层建筑，归根到底都是应由这个基础来说明的。[①]

历史的发展，恰恰如此。社会经济的发展，工业革命不仅是一场重大的技术革命，更是一场深刻的社会革命——社会关系的变革、社会思想意识的变革，启蒙思想从中产生。在欧洲的启蒙运动中出现一批新思潮的代表人物，如伏尔泰(1694—1778)、孟德斯鸠(1689—1755)、卢梭等。他们倡导自由、平等，呼唤民主，反对神权，号召为科学及进步而奋斗。伏尔泰说："本身自由，周围的人与自己平等——这才是真正的生活，人们的自然生活。"认定自由平等是天赋予人的自然而有的权利。卢梭则在《社会契约论》中开宗明义地说，"人是生而自由的"，他认定人人生来就是平等、自由的，自由与平等是自然赋予每个人的权利，他宣称一切权力属于人民，一切权力的表现与运用必须体现人民的意志。

---

① ［德］恩格斯：《反杜林论》，《马克思恩格斯选集》第3卷，北京：人民出版社，1972年，第66页。

欧洲的启蒙运动，是人的觉醒，人从神权中被解放，其核心理念是天赋人权、自由、平等、博爱。它带来了社会制度的变革和近代精神的确立，具体体现在新社会取代旧制度，以及信教自由、机会平等、经济自由、在法律面前人人平等。启蒙运动，是人类社会发展的一次飞跃。

中国早期启蒙于明代中叶产生

在欧洲发生的启蒙，是人类社会由传统向近代（或称现代）的跨越，这样的社会转型，在世界各国都可能发生，中国也不例外。

侯外庐先生说：

> 中国启蒙思想开始于十六七世纪之间，这正是"天崩地解"的时代。思想家们在这个时代富有"别开生面"的批判思想……也就是从明嘉靖到万历年间，是中国历史上资本主义萌芽最显著的阶段。[①]

尽管文中没有具体提及阳明，但这里所说的年代，正是阳明生活的年代；尽管文中没有明指"富有'别开生面'的批判思想"是什么，但明显是指阳明心学。

商传先生说：

> 从正德时开始，中国历史进入了从传统社会向近代社会的转型时期。[②]
>
> 商品经济的发展……人们的社会观念开始发生了变化。[③]

---

① 侯外庐：《中国思想通史》第五卷，北京：人民出版社，1956 年，第 3 页。
② 商传：《明代文化志》，上海：上海人民出版社，1998 年，第 16 页。
③ 同上。

关履权先生说：

> 王阳明在答储柴墟的信中说："今天下波颓风靡，为日已久，何异于病革临绝之时！"
>
> 在写给黄绾的信中，王阳明又说："今天下事势如沉疴积痿。"[①]

这是说，阳明预感到社会已处于"临绝"的危机，社会的大变革即将到来。当然他不可能预测到社会渐渐由自然经济而向商品经济转型，但他能顺乎历史潮流而提出新思想学说，创立合乎社会发展的心学，体现了中国早期的思想启蒙。

阳明心学即启蒙的先声

阳明心学，是中国早期启蒙先声。在明史以及阳明学的研究中，早有学者关注到，只是各人的表述不同而已。阳明心学的启蒙性，可概括为如下方面。

第一，"心外无物"，强调人的主体精神高扬

阳明心学的启蒙性，可从多方面分析。近年，学界比较多从高扬人的主体精神方面进行揭示，尤其从"心即理""心外无物"入手。有学者作如此的概括[②]：

（一）阳明心学，以"心"为意义与价值的家园。

"价值与意义的根源不可能自外于人的妙灵真心真性"，"离

---

① 关履权：《湛若水的政治思想及其时代》，《湛若水研究文集》，关步勋主编，广州：花城出版社，1993年，第176页。

② 参见张新民：《意义世界的建构——论王阳明的"心外无理、心外无物"说》，《孔学堂》（中英双语），2014年第1期（创刊号），第78—86页。

开了人的心灵自觉，外部经验的世界只是一团没有意义的死物堆积的世界。心作为价值与意义的究竟源头，为经验世界带来了心物浑然交融的理趣与生机。”阳明心学提供了“意义与价值的家园”。

（二）阳明心学，以“心”为主宰。

“心承载着‘天理’，又为人之主宰”，“这就要求在学习圣贤的自我转化过程中，主要的修养工夫仍为‘复心体之同然’。而只有充分高扬人的主体性，充分撑开人的精神自由，将整个社会宇宙当成实践的道场，使心性光明本体充量披露展示，使至大至刚之气充沛流行发用，充塞弥漫于天地宇宙中，以此实现人之为人的价值”。

（三）阳明心学，使人的主体性获得拔高。

“王阳明乃是以主体的人的存在为出发点，来理解世界的本体论存在方式的。无论人的本体论本质或物的本体论的显现，都透过心物一元的‘观照’桥梁获得联结”；认定“‘心外无理’、‘心外无物’等学说，非但‘心’之能动存在意义得到了空前的突出，即人之主体性地位也获得了空前的拔高”。

（四）阳明心学，认定万物为心所覆盖。

“阳明才说出‘心外无物’的命题——万事万物无一不在道德心灵的超越涵盖之下，万事万物无一不得到道德心灵的统察照会。主体不沉溺于客体，而客体尽收摄于主体”；“可见阳明‘此花不在你心外’之说，乃是强调心的‘能照’功能，亦即主观能动的心的感性的直观形式”。

如上所引观点，是对“心外无物”的阐说，集中到一点便是阳明心学对人的主体性的充分肯定，这正是不折不扣的启蒙性。也有学者把人的主体性称作“个体性”，并认为“这种个体性在哲学层次上的表达，就是笛卡尔的著名命题‘我思故我在’”，进而又具体说：“这里，作为个体的‘我’乃是作为理性的‘思’的前提，而‘思’是一切存在者的前提，于是个体自我便成为了存在论的根基。”[①]确实，欧洲启蒙运动，宣告“上帝已死”，是“人的解放”，人从神的统治下解放；宇宙间的万事万物，不是上帝所造，而是由“人”的“思”产生。可见用“我思故我在”来概括当时的启蒙思想，是再恰当不过了。相当长一段时间里，中国学界用“我思故我在”来解说王阳明的“心外无物”，并由此界定阳明心学是主观唯心论，这确有不当，但是，从二者的等同中去窥视其中所蕴含的启蒙思想，即“我思”方有一切的存在，个体的人是宇宙的主宰者，这无疑可以使人们从中领悟到阳明心学的启蒙性。

第二，“致良知”是启蒙性的集中体现

可以说，“心外无物”论体现了阳明心学的启蒙精神，而“致良知”论更是阳明心学启蒙性的集中体现。毋庸讳言，“致良知”说有“存天理去人欲”的理论指向，但在这一命题中，已蕴含了与西方文艺复兴时期所倡导的自然人性、人性平等、人性解放、人的主体精神高扬等相一致的启蒙思想。下面从两个方面审视它的启蒙性：

首先，认定“良知”是天赋的、自然而然存在的，是一种自然

---

① 黄玉顺：《论“儒家启蒙主义”》，第 203 页。

人性。“致良知”论认为，人性是天赋的，这与西方文艺复兴时期倡导的自然人性论堪相一致。

阳明认为，良知是天赋予人的“灵根”。他说：

> 良知即是天植灵根，自生生不息。①
>
> 良知者，心之本性。②
>
> 良知是天理之昭明灵觉处，故良知即是天理；
>
> 良知不由见闻而有，而见闻莫非良知之用，故良知不滞于见闻，而亦不离于见闻。③

这是说，“良知”是“天命之性”“心之本体”，是人不需要学习和思考，自然而然就知就会的天性，也就是一种先验人性。这种天性，不须外铄而存于人的“是非之心”，是一种有“是非”原则的道德本性。可见，“良知”即是天赋的、人所以成为人的本质属性，即人的质的规定性。孟子曾引《诗》曰：“天生烝民，有物有则”，“良知”也便是天赋予人的“天则”，即人的本性，“不学而能，不虑而知”。这与西方的“天赋人权”的说法堪相一致。

其次，人人皆有“良知”，人性平等；人人皆可“致良知”，涵养心性人人平等。

“致良知”论认定，人的“良知”和“致良知”，都是平等的，这与西方启蒙运动所倡导的“平等”观，很是吻合。

---

① 《王阳明全集》卷三，《语录三·传习录下》，第101页。

② 《王阳明全集》卷二，《语录二·传习录中·答陆原静书》，第61页。

③ 《王阳明全集》卷二，《语录二·传习录中·答欧阳崇一》，第72、71页。

王阳明提出,“良知之在人心,无间于圣愚,天下古今之所同也”[①]。他认定,天下古今,不论是圣贤还是常人,人的“良知”都一样,没有差异,人性是平等的,人人皆有。可见,王阳明认定,天所赋予人的天性,是平等的,没有等级差别。这是一种不折不扣的“平等”观。

“致良知”论又认为,体认良知,感悟自身的本性,人人都能,可见在人性涵养上,也人人平等。这,同样是倡导平等。

阳明认定,不仅人们在“良知”的本性上平等,而且,人们在体认良知,即“致良知”上,也是平等的,他说:

> 自己良知原与圣人一般,若体认得自己良知明白,即圣人气象不在圣人而在我矣。[②]

在阳明看来,致良知人人都一样,只要体认了自己心中的良知,我就是圣人了,故说:

> 人皆可以为尧、舜。[③]

可见人与人是何等之平等!

在阳明看来,生活中出现人的差异,那是因为:

> 良知、良能,愚夫愚妇与圣人同,但惟圣人能致其良知,而愚夫愚妇不能致,此圣、愚之所由分也。[④]

---

① 《王阳明全集》卷二,《语录二·传习录中·答聂文蔚》,第 79 页。
② 《王阳明全集》卷二,《语录二·传习录中·启问道通书》,第 59 页。
③ 《王阳明全集》卷三,《语录三·传习录下》,第 120 页。
④ 《王阳明全集》卷二,《语录二·传习录中·答顾东桥书》,第 49 页。

阳明认为，在日常生活中，因为有的人致良知了，而有的人没有致良知，所以才会出现“圣贤”与“愚夫愚妇”的差异。

“致良知”论，是“人皆可以为尧舜”平等观的理论基础。阳明强调，人通过对良知的体认，涵养自身的本性，便可成为有道德的“圣贤”，即真正意义上的人，有别于禽兽的人，也称作“君子”，而非“小人”。这是启示人们，每个人都可以通过对道德本性的感悟与觉醒，而高扬人的主体精神，成就事业。这，蕴含着人的主体性的觉醒与平等性的高扬。

综上所述，“致良知”说，蕴含着人性天赋、人性平等、人性独立和人性觉醒的启蒙思想。此外，阳明心学还呼吁自由、倡导思想解放、讲求务实、引人向善等，这些均称得上早期的启蒙先声。当然，这种启蒙，仅仅是中国早期启蒙的一个开端而已！

应该指出的是，就世界的经验来说，启蒙思想是对传统的一种否定，起到“拆天”的作用。阳明心学的启蒙性，是就其理论的客观的社会效应而言，而就其主观意图来说，阳明并非要“拆天”，而是要“补天”。纵观阳明的一生，不论他人生路上有多少的坎坷，他始终受命于朝廷，忠于朝廷，为朝廷不辞劳苦，殚精竭虑。到边缘地区平乱，平乱后即奏请设县，以加强地方管治，进行教化，移风易俗，以达到社会的“长治久安”，可见阳明欲要“补天”的主观意图。正是在这个意义上，可以说阳明的思想学说的“拆天”，与主观意图的“补天”，构成了相悖的路向，这二重性，使一些学者不能接受阳明心学是中国早期启蒙思想的说法；也正是在这一意义上，只能说阳明心学具有启蒙性，而阳明还称不上启蒙思想家。

四、阳明心学启蒙性之影响及验证

阳明心学，曾作为中华文化的一支“劲旅”，远征东亚，广播海外。19世纪日本的明治维新运动，是一场由传统社会向现代社会转型的革新运动，当时的思想武器不仅来自西方，亦来自中国的阳明心学。据称，《传习录》传入日本，因迎合日本现代化发展的需要而被接纳，为日本明治维新造就了一批人才，阳明心学成为他们的思想武器。梁启超曾说，“日本维新之治，心学之为用也”，这无疑验证了阳明心学的启蒙性。

对阳明心学的启蒙性所产生的影响，沈善洪与王凤贤在《王阳明和他的心学》①中作了具体全面的概括，大致可归纳为如下方面。

首先，影响了明代的一些思想家，如李贽（1527—1602）、刘宗周（1578—1645）、黄宗羲（1610—1695）等。

其次，影响了近代的维新志士，如康有为、梁启超等。梁启超在《康有为传》中称：“先生则独好陆王，以为直捷明诚，活泼有用。”梁启超则认为“阳明先生，百世之师”，在《中国近三百年学术史》中称：“王阳明是一位豪杰之士。他的学术像打药针一般，令人兴奋，所以能做五百年道学结束，吐出很大光芒。”

据相关史料显示，梁启超受阳明的感染颇大，他也在阳明心

① 《王阳明全集》卷一，《王阳明和他的心学（代序）》，第15—19页。

学研究方面下了功夫。从梁启超所著的《传习录集评》可见他对阳明的崇敬，以及对其学说的高度评价，在书的首篇《凡例》中即有儒士的评论：

> 王阳明是我国明代杰出的政治家、军事家、思想家，其在继承宋代理学（尤其是陆九渊心学学说）基础上，创造性地发展出了以"致良知""知行合一"等理论为核心的"阳明心学"（或称阳明学、王学），成为同时及后世无数士人安身立命的精神归宿。其学说在影响我国之外，亦远播朝鲜、日本等国，时至今日早已成为东西文化的重要组成部分之一，数百年来一直闪耀着智慧之光，流风余韵亦足令后人受无穷之益。①

从如上的评述，足见梁启超深受阳明心学的影响，对其学说佩服得五体投地。他在书中挑选阳明的《传习录》的部分文稿，进行解读与评述，并运用中西文化比较的新方法，揭示阳明心学的学说性质，这一切足见梁启超对阳明心学研读是何等之用功！可以说，在近代能在学说的层面上接受阳明心学的，唯有一代文化巨子梁启超。

第三，在近现代，维新派人士和革命党人均在高扬人的主体精神上接受阳明心学。维新首领谭嗣同的《仁学》，有"心力决定论"倾向，认为"心力"为"人之所赖以办事者"，脑的作用也是"心力所由显"，"治化之盛"无不决定于"善其心力"，他甚

---

① 梁启超：《传习录集评》，北京：九州出版社，2015年，第1页。

至提出：

> 夫心力最大者，无不可为。①

阳明学对革命党人的影响，在孙中山的身上体现得尤为明显。

凡是革命者都会强调人的精神力量，并期待在发挥人的主体精神之后而实现革命事业的成功。孙中山在振兴中华的历程中，呼唤“改良人格来救国”②，高度重视道德精神，喊出：

> 有道德始有国家，有道德始成世界。③

他强调“修身、齐家、治国、平天下”，是治国特有的好“政治哲学”。为构建国人的道德精神，孙中山主张恢复中国传统固有的道德，并吸取西方新的道德而形成新的、顺应历史潮流的体系。孙中山受到阳明心学的影响，还体现在他以心为宇宙之本原，提出“夫心也者，万事之本源也”，“心之用大矣哉”。④ 孙中山“以心为本”，同阳明心学一样，强调人的主观意识的决定作用，认为宇宙间的一切无不决定于由心而生的意志，“吾心信其可行，则移山填海之难，终有成功之日；吾心信其不可行，则反掌折枝之易，亦无收效之期”⑤。孙中山强调了心可以创造一切，改变一

---

① 谭嗣同：《仁学》四十五、四十六、四十三，北京：华夏出版社，2002 年，第 153、157、142 页。
② 《孙中山全集》第八卷，《在广州全国青年联合会的演说》，第 319 页。
③ 刘望龄辑注：《孙中山题词遗墨汇编》，第 131 页。
④ 《孙中山全集》第六卷，《建国方略・心理建设》，第 159 页。
⑤ 同上，第 158 页。

切，主控一切，宇宙间的一切都无非是心的感悟与体现，这与阳明心学的说法，可谓一脉相承。

蒋介石特别尊崇阳明，并深受其影响。1908 年，蒋介石在日本留学，在日记里称，他当时目睹不论是在火车上、电车上或是轮渡上，凡是旅行的时候，总看到许多日本人都在阅读王阳明的《传习录》，许多人读了之后，就闭目静坐，似乎是在聚精会神思索精义。他认定，日本所以能强，“不是得力于欧美的科学，而是得力于中国的哲学”，他们普遍学中国的儒道，学习儒道中的王阳明的知行合一“致良知”哲学。20 世纪 20—30 年代，因推崇王阳明，蒋介石曾提出“力学”的主张。出于对王阳明的尊崇，蒋介石曾先后三次到浙江阳明洞参悟。

后来去到台湾的蒋介石，倍加推崇王阳明。他把台北的“草山”改为“阳明山”，以示对阳明的崇敬；他要求长子蒋经国苦学阳明心学，也要求公务员认真阅读王阳明著作，以阳明心学理政。

青年毛泽东，也曾受到阳明心学的影响。当年就读于长沙第一师范时，曾撰写短文《心力论》，十分注重人的主观能动精神，这明显是受到阳明心学的影响。文中同阳明一样，把心作为宇宙万事万物的本源，并强调以“心力”救国。该文开宗明义提出：

> 宇宙即我心，我心即宇宙，细微如发梢，宏大至天地、宇宙乃至万物皆为思维心力所驱使。博古观今，尤知人类之所以为世间万物之灵长，实为天地间心力，博古观今尤知人

类之所以为世间万物之灵长，实为天地间心力最致力于金华者也。[①]

盖古今所有文明之真相，皆发于心性而成于物质。[②]

“宇宙即我心，我心即宇宙”，是中国传统心学的核心理念，把心作为宇宙间万事万物的本源，则是阳明心学的理论基点，可见当年的毛泽东明显接受了阳明心学。

在《心力论》中，毛泽东提出，宇宙间最大的力量是心力，故也有以心力救国的想法，同当年阳明拯救社会的理路完全一致。他说：

天之力莫大于日，地之力莫大于电，人之力莫大于心。[③]

面对“中华即将亡”的危难局面，毛泽东认定是由于“人此心已无”[④]，他希冀通过教育来唤醒人心。毛泽东的《心力论》，在当时得到了老师的赞赏。有资料显示，参加革命之后的毛泽东曾对自己早年的《心力论》有所反思，但这并不说明他未受到阳明心学的影响。

阳明心学对日本的影响不小，有学者如此概括日本受阳明影响的过程。

---

① 转引自陈家义：《等待岭南心学的旧根发新枝与中国梦》，《心学与心理建设》，黄明同主编，北京：社会科学文献出版社，2017 年，第 193 页。

② 同上，第 198 页。

③ 同上。

④ 同上。

> 早年,日本禅师了庵桂悟远使中国,曾与王阳明相会,临回国时,王阳明曾作序一篇相送,这是日本接受阳明学的开端。但真正把阳明学传入日本,并使之发扬光大的是中江藤树(1608—1648),他是由朱子学的信奉者,经过王学左派而转向阳明学的,曾令其门徒攻读《阳明全书》,使阳明学开始在日本兴盛起来。后来,日本的一些思想家和政治家,把王阳明"心即理"学说,与日本的社会条件密切结合起来,使"它有着日本的特殊内容"(日本《世界传记大事典·王阳明》),成为"明治维新"的一种指导思想。
>
> "日本当年尊王倾幕之士,皆阳明学极深之人,而于西法未必尽。"所以,正如《世界传记大事典》所说:"在幕府末期人士中所谓的心即理,就是把心的至诚作为最高原则的意思。"①

这些叙述,可见阳明学确实影响了日本的明治维新,也就验证了阳明心学的启蒙性。

近年,阳明心学更有继续风靡之势:在学界,专家们把阳明心学与西方心理学、管理学、现象学、量子学等现代学科进行比较研究,由是寻觅中西文化相交融的路向,探究传统心学的当代价值;海内外有许多研究阳明心学的著作出版,其中有吴光主编的《阳明学研究丛书》(中国人民大学出版社 2009 年版),日本冈田武彦的 3 卷本《王阳明大传——知行合一的心学智慧》(重庆出版社 2015 年版),瑞士耿宁的 2 册本《人生第一等事——王阳

① 《王阳明全集》卷一,《王阳明和他的心学(代序)》,第 19—20 页。

明及其后学论“致良知”》(北京商务印书馆 2014 年版)。一批阳明学通俗读物也见诸书店,企业家则关注如何运用阳明心学进行管理。

近年,习近平总书记多次引用阳明的名言,全国各地掀起了研究阳明心学的热潮,相关的研究机构如雨后春笋般涌现。历史与现实的经验说明,阳明心学的生命力与影响力,恰恰是对其启蒙性的验证。

余言　阳明心学，走进当代社会

阳明心学，蕴含着可超越时空的真理颗粒，具有当代价值，在当今仍风靡海内外。特别是在大众创业、万众创新、改革开放深化的历史阶段，时代呼吁思想解放，呼吁人的主体精神高扬，阳明心学逐渐走进当代社会，阳明心学研究逐渐成为显学。

“阳明热”，阳明心学穿越时空

在中华民族伟大复兴的历史大潮中，党和国家开始关注阳明心学，重视中华优秀传统文化的传承与弘扬。作为中国早期启蒙思潮的阳明心学，无疑是优秀的中华传统文化，因而重新受到青睐。习近平总书记在多个场合、多次讲话中，阐述了阳明思想，对阳明的历史地位与历史影响作了高度评价，特别是多次引用并具体阐述了阳明的“知行合一”思想，如：

> 2011 年 5 月 9 日，习近平作为国家副主席到贵州调研，在贵州大学参与中国文化研究院师生座谈时，高度评价了王阳明，说王阳明“既是一个伟大的哲学家、思想家，又是一个伟大的军事家、政治家”，“王阳明一生真正做到了知行合一”，“我们要敬重他，学习他”。

> 2014 年 1 月，习近平总书记在中央“党的群众路线教

育实践活动第一批总结暨第二批部署会议”上再次强调“知是基础、是前提，行是重点、是关键，必须以知促行，以行促知，做到知行合一”。

2014年5月4日，习近平总书记在考察北京大学时，勉励大学生“道不可坐论，德不可空谈。于实处用力，从知行合一上下功夫，核心价值观才能内化为人们的精神追求，外化为人们的自觉行动”。

2014年9月24日，习近平总书记在人民大会堂“纪念孔子诞辰2 565周年国际学术研讨会暨国际儒学联合会第五届会员大会开幕式”的讲话中，把“经世致用、知行合一、躬行实践的思想”作为中国优秀传统文化对解决当代人类面临的难题的重要启示之一。

2016年5月，《求是》杂志发表了习近平总书记于2015年12月11日《在全国党校工作会议上的讲话》，讲话中引用了王阳明《传习录》中的讲学语录：“种树者必培其根，种德者必养其心。”接着说：“党性教育是共产党人修身养性的必修课，也是共产党人的‘心学’。”这是借鉴王阳明的心学思想来强调加强共产党人的修养，并提出了“共产党人的‘心学’”概念。[①]

正是在党中央、习近平总书记的明确的指示下，2016年以来，出现了“阳明热”，阳明心学得以穿越时间隧道，进入了21世

① 如上引文，见吴光：《王阳明良知心学的理论构建与当代启示·习近平论王阳明》，《心学与心理建设》，第1—2页。

纪的当代社会：

在阳明的家乡浙江，出生地宁波余姚、安葬地绍兴，阳明心学的传承与弘扬得到政府的重视及民众的关注，每年由政府主办的王阳明纪念周和学术研讨会，民间的阳明学研究会纷纷成立，通过各种形式的活动，以及出版各种读物，使阳明心学浸入民众的心灵，使阳明心学“名片”越擦越亮。这一切，给原来比较发达的这块土地注入新的活力，在社会经济与人文精神方面都有了明显的提升。

在阳明悟道、创立学说的贵州省修文县，以“阳明文化”作为县的第一“名片”，近年修建“知行合一广场”，以“阳明精神”作为县的文化精神，倡导做有良知的人，做有良知的事，生产有良知的产品，营造有良知的市场，形成有良知的社会氛围；开展阳明文化系列讲座等活动，使阳明文化进机关、进社区、进企业、进学校，使阳明走进当今社会，走进民众心中。修文县所在的贵州省，定期举办大型的“国际阳明文化节”，搭建高层次的阳明心学学术研究与交流平台，营造民间传承的氛围。这一切，使一个小小的县，以及一个后进的西部省份，在短时间内一跃而起，跨进先进行列。这，是阳明精神带动了整个经济社会的发展；这，彰显了“文化自信”的巨大威力。

在他建功立业的江西，先后成立了省级的阳明心学研究会以及中国明史学会王阳明研究分会，从政府到民间，形成了对阳明在江西的史迹的调查的“统一战线”，取得可喜的战绩，当年阳明在江西的足迹重现于当今，为人们所理解和熟悉。2017 年，纪念崇义建县 500 周年，中国明史学会与当地政府在崇义召开了数百人参加的大型的学术研讨会，不仅展示了阳明心学研究的成果，还为边缘地区传承阳明文化进行了一次声势颇大的普及。

在福建平和以及广东和平，当年阳明平乱后奏设的两个县，也先后召开了建县500周年的纪念会暨学术研讨会，同样产生着传承与弘扬阳明心学的效应。

不少的企业，以阳明心学作为企业文化精神，如浙江的方太集团，在会议室内树立阳明塑像，全体职工都学习和传承阳明精神，明确以阳明心学为该集团的文化精神。

阳明心学走进民间，全国各地研究阳明心学的民间组织纷纷建立，各种阳明研究活动频频开展，林林总总解读和介绍阳明的书籍问世，遍布图书市场。

总之，几乎席卷整个神州大地的"阳明热"，使阳明心学，成为企业家的精神武器，成为企业的文化精神，成为人们的精神动力；阳明心学走进学界，不仅中国哲学史研究，心理学、教育学、管理学、养生学、医学等学科，无不关注阳明心学。

"阳明热"之面面相

持续数年"阳明热"，可谓是一次中华优秀传统文化的大普及运动，是难于理解的传统心学的科普活动，也是传统文化向当代社会转换的一次尝试。阳明热展现的面面相，值得人们审视与反思，以从中总结经验与不足。

"阳明热"的主导方面，是正能量的体现：

其一，阳明心学研究关注面的扩展，理论研究的深化，研究方法的改进，研究成果的丰富与多样化；

其二，阳明思想普及面大为扩展，学者们走出高楼深院，深入社会，把自己的研究成果与广大民众分享，专家与民众的积极互动，互帮互促，形成声势浩大的文化普及运动，为如何开展民族文化的普及、传承与弘扬，提供了经验；

其三，在“阳明热”中，阳明心学转化为人的精神动力、转化为企业文化精神，人们直接感受到了经济社会发展中软实力与硬实力的辩证运动；

其四，在“阳明热”中，地方政府以“阳明文化”名片牵动现代化建设，取得卓著的成绩，彰显出“文化自信”的威力。

诚然，阳明热尚有不足之处，如对阳明心学的解读尚缺乏深入而系统的专著，出版的书籍多为“戏说”，甚至把阳明神秘化、妖魔化，难免会误导读者；对阳明心学的理论亮点的发掘与研究不足，其学说的主旋律——道德，未被充分重视；在“阳明热”中，出现过于高扬主体精神的片面性；对阳明的“心外无物”，心衍生天地万物，否定物质世界独立于意识之外的理论观点，不敢正视，甚至为之辩解，放大了阳明心学中的一些理论偏颇，在理论层面上，未能坚持马克思主义哲学的指导，在理论导向上出现偏差。如此种种，值得学界反思。

推进阳明心学走进当代社会

如果说，近年的“阳明热”是阳明心学走进当代社会的一次尝试，其中有值得借鉴的成功经验，但也有不足，应继续寻觅使阳明心学走进当代社会的途径。

首先，对阳明心学的解读，要坚持“论从史出”的原则，对其理论进行科学的、历史的、实事求是的分析。

阳明心学毕竟是500年前的思想成果，难免受到当时科学发展水平与人们的认知水平的局限，既缺乏近代自然科学成果的支撑，而未能认识物质世界先于人的意识的事实，又不懂得大脑在认知中的作用，而设定先验的认知对象，又过于注重和夸大人的主体精神的作用。鉴于此，对阳明心学不可进行过分解读，而应放在特定的历史条件下，进行公允的、实事求是的评述。

其次，对阳明心学的评价，应坚持"实事求是"原则，对其理论亮点与贡献，应给予充分的肯定，而对其理论的偏颇也要检讨，使人们能了解一份真实的文化遗产。

如前所说，对阳明心学中真理性的精华，应加以肯定与弘扬；对其中具偏颇性的糟粕，应予以检讨甚至批评。阳明生活在社会渴望人性觉醒、主体精神高扬的时代，故其学说无视或是忽略了人的主体精神高扬，必然受到客观条件与客观规律的制约。如果仅仅关注前者而无视后者，则必然走到唯意志论，而使之无法成为现代人的精神资源。

第三，阳明心学与现代学科结合，使之富于时代的气息，实现真正的时代转换。

近年来，有学者与企业家正在探索把阳明心学与西方传进的管理学结合，也有学者开始把阳明心学与心理学融汇。

在台湾，已有学者撰写融合阳明心学与现代管理学的论著。近年的"阳明热"中，更有不少企业家将阳明心学作为企业文化，运用其理论与精神去管理企业，并撰写相关的论文，呈现阳明心学进入现代企业之势。

> 心理学，由西方引进，之所以用“心”字，心理学界的学者称，“心”字源于中国传统的心学。在现代社会中，心理学正发挥着越来越重要的作用。可是，在心理学的研究中，长期以来一直缺乏对于文化相关的课题的关注。随着心理学的快速发展和进步，文化的巨大漏洞显现了出来。因此，在20世纪末21世纪初，文化心理学重新回到心理学舞台的核心，成为研究的热点。当代心理学的发展出现了文化学的转向，即使是西方心理学的当代发展，也在寻找东方文化传统中的心理学资源。[①]

近年来在西方心理学界出现了一股“正念”热潮，并悄然走进人们的生活。正念的研究队伍非常庞大，不仅有一批专门从事正念疗法的研究人员，其他心理学领域的心理学家（如精神分析学派的瑞士的荣格[1875—1961]、人本主义的美国的马斯洛[1908—1970]等）以及医学、脑科学等领域的研究者也在关注正念疗法，因此涌现出了一大批研究成果。正念疗法以正念与接受为特点，已经被广泛运用于失眠、焦虑、抑郁、慢性病等的辅助疗愈，成效卓越，深受患者的青睐，被喻为“第三波认知行为疗法”。

正念疗法属于当代的心理咨询与治疗体系，产生于西方，却来源于东方。东方文化的静坐，对现代心理治疗的发展趋势产生了极为重要的启示。正念疗法的具体方法包含了两条路径：

---

① 葛鲁嘉：《心理学本土化——中国本土心理学的选择与突破》，上海：上海教育出版社，2014年，第2—3页。

第一条路径是从上而下的，是认知上的觉悟，也就是悟，可以称之为“明心见性”；第二条路径是从下而上的，是行为上的静修，也就是修，可以称之为“修心养性”。明代心学陈献章的“静养端倪”，倡导以静坐涵养心性，阳明提出“致良知”的涵养方法，但也认为“静坐”对初学者也极为重要，他的“龙场悟道”，也便是沿着静坐的理路。因而，人们可以进一步寻觅到阳明心学与心理学的交集点。

阳明心学走进当代社会，是传统优秀文化传承与弘扬之必然，是亿万中华儿女培育文化自信之所需。实现阳明心学的现代转型，不仅是学者们的历史职责，也需各级政府的支持，以及广大企业家的身体力行。可以预料在政府、企业家与学者三股力量的共同努力下，阳明心学必将一步步融入当代社会，服务于中华民族伟大复兴，服务于现代化建设。

后　记

阳明心学，是中华传统优秀文化的一部分，是中国早期的启蒙思潮，其中蕴含着珍贵的现代价值，值得传承与弘扬。毋庸讳言，在“阳明心学热”中也有不足与偏颇。笔者有幸参与了一些活动，也有些感受，为使阳明心学进一步深入社会，走进广大民众之中，故在原有会议论文的基础上，我们二人共同完成了这本小书。本书是探讨阳明心学的一本通俗读物，希冀能在现代视域下，对深奥的传统心学作一简约易懂的解读，敬请读者们给予批评。

感谢学界与出版界同仁的关怀与支持。

黄明同、黄时华

图书在版编目(CIP)数据

重读阳明心学 / 黄明同,黄时华著. —上海:上海辞书出版社,2021

ISBN 978-7-5326-5781-0

Ⅰ.①重… Ⅱ.①黄… ②黄… Ⅲ.①王守仁(1472－1528)-心学-研究 Ⅳ.①B248.25

中国版本图书馆 CIP 数据核字(2021)第 107606 号

国家自然科学基金青年项目,基于传统心学理论的青少年网络游戏成瘾的影响机制与干预研究(71904034)

CHONGDU YANGMING XINXUE

重读阳明心学

黄明同　黄时华　著

责任编辑　张　恬

装帧设计　王轶颀

责任印制　王亭亭

出版发行　上海世纪出版集团
　　　　　上海辞书出版社(www.cishu.com.cn)

地　　址　上海市陕西北路 457 号(邮编　200040)

印　　刷　上海中华印刷厂

开　　本　850×1168 毫米　1/32

印　　张　5

字　　数　104 000

版　　次　2021 年 10 月第 1 版　2021 年 10 月第 1 次印刷

书　　号　ISBN 978-7-5326-5781-0/B·334

定　　价　25.00 元